INHALT

> **SZENE**

S. 12–15: Trends, Entdeckungen, Hotspots! Was wann wo in Oberbayern los ist, verrät die MARCO POLO Szeneautorin vor Ort

> **24 STUNDEN**

S. 98/99: Action pur und einmalige Erlebnisse in 24 Stunden! MARCO POLO hat für Sie einen außergewöhnlichen Tag in Oberbayern zusammengestellt

> **LOW BUDGET**

Viel erleben für wenig Geld! Wo Sie zu kleinen Preisen etwas Besonderes genießen und tolle Schnäppchen machen können:

Mit dem Schiff zu den Expressionisten S. 38 | Kostenloser Bus-Shuttle zur Skipiste S. 47 | Fitness zum Nulltarif am Schliersee S. 64 | Köstliche geräucherte Renken S. 78 | Freier Eintritt in die Dokumentation Obersalzberg S. 85 | Factory-Outlet S. 91

> **GUT ZU WISSEN**

Was war wann? S. 10 | Spezialitäten S. 26 | G'stanzl S. 37 | Lüftlmalerei S. 50 | Blogs & Podcasts S. 66 | Bücher & Filme S. 74 | Was kostet wie viel? S. 109 | Wetter in Bad Tölz S. 110

AUF DEM TITEL
Riederings Schubkarrenrennen S. 12
Radwanderung zwischen Murnau und Kochel S. 96

ENTDECKEN SIE OBERBAYERN!

Unsere Top 15 führen Sie an die traumhaftesten Orte und zu den spannendsten Sehenswürdigkeiten

Die Highlights sind in der Karte auf dem hinteren Umschlag eingetragen

 Andechs
Feine Symbiose aus Wallfahrtsort und Bierseligkeit (Seite 33)

 Buchheimmuseum der Phantasie
Eine Museumsschifffahrtslinie fährt von Starnberg nach Bernried zur weltweit einzigartigen Sammlung expressionistischer Malerei (Seite 41)

 Roseninsel
Ein Rosenmeer umrahmt den königlichen Pavillon auf der Roseninsel bei Feldafing (Seite 41)

 Osterseen
Eiszeiten früherer Jahrtausende ließen Moorseen zurück, die mit ihrem fast überirdischen Farbenspiel nicht von dieser Welt zu sein scheinen (Seite 41)

 Zugspitze
Traumhafte Aussichten von Deutschlands höchstem Berg (Seite 46)

 Mittenwald
Ob in der Geigenbauschule oder beim Instrumentenbauer: Die Türen stehen Ihnen im weltberühmten Geigenbauerdorf überall offen (Seite 47)

 Freilichtmuseum Glentleiten
Über 50 alte Bauernhäuser und Handwerksstätten in einmaliger Hügellandschaft über dem Kochelsee (Seite 50)

 Oberammergau
Oberammergau ist auch ohne Passionsspiele einen Besuch wert (Seite 50)

MARCO ✺ POLO

OBERBAYERN

Reisen mit Insider Tipps

> In einer Bilderbuchkulisse aktiv sein zu können, dabei immer wieder einzigartige Kulturdenkmäler zu entdecken und einen herrlichen Tag im Biergarten beschließen zu können – ich denke, das gibt's nur in Oberbayern.

MARCO POLO Korrespondentin Daniela Schetar
(siehe S. 126)

Spezielle News, Lesermeinungen und Angebote zu Oberbayern:
www.marcopolo.de/oberbayern

OBERBAYERN

>DIE BESTEN MARCO POLO HIGHLIGHTS

 Großer Gott von Altenstadt
Das monumentale, romanische Kruzifix in der Pfarrkirche St. Michael zeigt Christus als König mit einem Goldreif (Seite 54)

Wieskirche
Sie ist und bleibt die schönste Rokokokirche im Land: Die Wieskirche bei Steingaden überwältigt mit einer Orgie aus Stuck und Fresken (Seite 55)

 Herzogstand-Heimgarten
Auf schmalem Grat unterwegs zwischen zwei beliebten Ausflugs-bergen – eine Herausforderung für schwindelfreie Wanderer (Seite 61)

 Herzogliches Bräustüberl
In dem gemütlichen Gasthaus am Tegernsee finden Sie noch das alte Oberbayern Ludwig Thomas (Seite 66)

 Herrenchiemsee
Versailles in Oberbayern: Auf König Ludwigs Spuren zwischen Herrscherschloss und Lustgarten (Seite 75)

 Königssee
Natur genießen und frische Fische schlemmen mitten in Deutschlands größtem Nationalpark (Seite 85)

 Willibaldsburg
Imposant thront die Renaissanceburg über der Altmühl; das Museum entführt in die Urzeit (Seite 88)

WAS FÜR EINE REGION!

Zu Füßen der Zugspitzgruppe

AUFTAKT

> Oberbayern sehen und …? Genießen! Rehragout im Wirtshaus, Reggae am Chiemsee? Kulinarische Schmankerln und internationaler Ohrenschmaus sind in Oberbayern ebenso zu Hause wie bodenständige Traditionen. Und das dunstige Blau der Seen fasziniert genauso wie die Bergwelt zwischen Berchtesgaden und Oberammergau. Hier im Land der Kontraste kommen Kunst- und Sportbegeisterte gleichermaßen auf ihre Kosten, bieten Wellnesshotels, gemütliche Wirtshäuser und familienfreundliche Wanderwege genügend Möglichkeiten, die Seele baumeln zu lassen. Baumeln, wandern und genießen Sie mit!

> Oberbayern ist das Bergland, Bierland und Benediktinerland, das Schlösser- und Seenland, das Klöster- und Kulturland, Oberbayern ist aber natürlich viel mehr, und „weiß Gott" nicht nur „weiß-blau" wie die Fahne des Freistaats oder der Himmel über den Bergen, Wäldern, Seen und Ansiedlungen. Oberbayern ist mal traditionsbewusst, mal hypermodern, und doch überraschend unverfälscht.

Beweise gefällig? Die Oberbayern sind ein wenig schwäbisch im Westen, altbayerisch in ihrer Seele und etwas österreichisch kurz vor Salzburg. Sie stehen zur zeitlupenlangsamen Entwicklung genauso wie zu Hightech. Fleißige Bauernhände haben über Jahrhunderte auch zwischen Eichstätt, Ingolstadt, Starnberg, Schongau, Garmisch-Partenkirchen und Tegernsee Natur und Landschaft geformt. Entstanden ist ein bunter, lebhaft gemusterter Fleckerlteppich mit goldgelben Getreidefeldern, dunkelgrünen Wäldern und bunten Wiesen – durchsetzt und eingerahmt von blauen Seen und schroffen Bergen.

Die Oberbayern von heute feiern ein internationales Reggaefestival am Chiemsee genauso enthusiastisch wie ihre traditionellen Trachten-, Blaskapellen- und Gebirgsschützenfeste am Kochelsee, in Bad Tölz oder in Mittenwald. Sie essen gern Köstlichkeiten aus heimischer Landwirtschaft und Küche, und sie trinken

> *Oberbayern ist mal traditionsbewusst, mal hypermodern*

gern ihr süffiges, weltbekanntes Bier. Mit selbstironischem Augenzwinkern bestätigen sie als aufgeschlossene Gastgeber voller Lebensfreude, kernig-konservativ, bodenständig-schlitzohrig all jene klischeehaften

Blühende Gärten, schmucke Häuser und die Berge zum Greifen nah – so schön ist Oberbayern

Vorstellungen, die sich Urlaubsgäste seit jeher von den Einheimischen machen.

Aber irgendwann werden auch Urlauber von der Realität eingeholt. Oberbayern ist der größte Regierungsbezirk Deutschlands. Mit seinen 18 000 km² ist es größer als mancher UN-Staat. Touristisches „Filetstück" ist unbestritten die voralpine Region südlich Münchens. Aber auch der Norden Oberbayerns hat viel zu bieten, zum Beispiel Rad- und Fußfernwanderwege an Donau und Altmühl, kunsthistorische „Schatzkästlein" wie Eichstätt und hohe urbane Lebensqualität wie in Ingolstadt, Bayerns jüngster Großstadt.

Deutschlandweit einmalig ist das gigantische Gebirgspanorama im südlichen Oberbayern, vom Watzmann im Osten bis hin zu den Ammergauer

Bergen im Westen. Nicht weniger eindrucksvoll und vielseitig sind die oberbayerischen Seen: der Chiemsee für Segler, der Tegernsee – liebevoll-

> **Einmalig ist das gigantische Gebirgspanorama Oberbayerns**

lästerlich „Lago di Bonzo" genannt – für betuchte Wellnessfreunde, der Walchensee für Surfer und der Staffelsee für Inselhüpfer. Ganz zu schweigen von Starnberger und Ammersee mit ihren schier unerschöpflichen Freizeitangeboten.

Dazu kommen unzählige Möglichkeiten für Naturabenteurer in lieblicher Hügellandschaft, in tiefdunklen, fast undurchdringlichen Wäldern und in der Kulturlandschaft zwischen kleinen Weilern, lieblichen Dörfern und einigen stattlichen, lebendigen Städten wie Rosenheim, Schongau, Wasserburg oder Weilheim. Ihre historischen Stadtkerne, teilweise zu Fußgängerzonen umfunktioniert, laden ebenso zum Rundgang zurück in die urbane Vergangenheit ein wie zum Flanieren im bunten Trubel der lebendigen Geschäftsstraßen.

Was wäre kulturell aus Oberbayern geworden ohne Klöster wie Wessobrunn, Benediktbeuern, Andechs, Ettal, Polling oder Tegernsee? Im Kloster Wessobrunn bei Weilheim fand sich das wohl älteste Gedicht in deutscher Sprache: das „Wessobrunner Gebet" aus dem Jahr 800. Die Königsschlösser Linderhof, Nymphenburg, Herrenchiemsee oder das weltberühmte Neuschwanstein ergänzen das architektonische Oberbayernbild der bekannten Kloster- und Kirchenbauten wie Rottenbuch oder Wieskirche. Zugegeben, mit der Tatsache, lange von Monarchen regiert worden zu sein, leben die Oberbayern gut und gerne.

Berühmte Kirchenbauer wie Dominikus Zimmermann haben die Silhouetten ihrer Gotteshäuser den Umrissen naher Bergformationen angeglichen, und expressionistische Maler wie Franz Marc, Wassily Kandinsky oder Gabriele Münter haben vor gut hundert Jahren die Tradition der Hinterglasmalerei im Raum der Hochmoore zwischen Kochel und Murnau weiterentwickelt, in einen Kunststil, der heute gefragter ist denn je.

Wer in Oberbayern von paradiesischen Zuständen schwärmt, denkt natürlich auch an kulinarische Schmankerln. Aber man würde dem Land vor den Alpen Unrecht tun, die oberbayerische Küche nur mit deftigem Schweinsbraten, fettem Räucherschinken und sahnereichen Kalorienbomben gleichzusetzen. Denn erstens heißt hier Sahne immer noch Schlagrahm, und zweitens ist gerade die junge oberbayerische Küche angenehm leicht und bekömmlich und stützt sich auf hochwertige Produkte.

„Laptop und Lederhose" – ein geflügeltes Wort! Gerade an Fest- und Feiertagen zelebrieren die Oberbayern Tradition und Bodenständigkeit. Dann schmücken sie sich festlich mit Trachten, Dirndln, Lederhosen und Wadlstrümpfen. Sie sind dabei kein bisschen zugeknöpft, sondern haben den Kopf immer frei für jede zukunftsweisende Innovation. Das weltweite Interesse an Oberbayern als Standort für Firmen der Hochtechnologie hat die überaus traditionsbewusste Region internationaler gemacht. Das merken Sie

Schlösser und Seen, Natur erradeln, erwandern und erfahren im doppelten Sinn – Oberbayern lässt sich nicht allumfassend beschreiben, vielmehr will die Region von jedem Besucher persönlich und immer wieder neu entdeckt werden.

Fitness auf Bayerisch: Schuhplatteln ist wieder voll im Trend!

spätestens an der hochmodernen Architektur neuer Ansiedlungen

> „Laptop und Lederhose" – ein geflügeltes Wort!

oder aber in Küche und Keller von Gourmetrestaurants mit überregionalem Ansehen.

Kunst und Kultur, kulinarische Köstlichkeiten im Land vor den Bergen.

Vor allem auch von Gästen, die moderne Trendsportarten lieben: Rafting und Kajakfahren in den Schluchten wilder Gebirgsflüsse, gemütliche Ballonfahrten im Voralpenland oder Hanggleiter- und Fallschirmflüge, zu denen Schnupperkurse angeboten werden. Sie fragen also nach sportlich orientiertem Aktivurlaub? Nach Wellness pur? Faulenzen? Köstlichen kulinarischen Schmankerln? Sie suchen Kunstgenuss? Oberbayern hat die Antwort. Versprochen!

TREND GUIDE OBERBAYERN

Die heißesten Entdeckungen und Hotspots! Unser Szene-Scout zeigt Ihnen, was angesagt ist

Susanne Hoheisel

Als freie Journalistin fühlt sie den Trends ihrer Heimat Oberbayern auf den Zahn und ist immer wieder überrascht, wie gut die Region den Spagat zwischen Style und Tradition, zwischen Gemütlichkeit und Action schafft. So begeistert sich unser Szene-Scout genauso für die ursprünglichen Veranstaltungen wie für die neueste Mode oder auch die coolsten Sportarten.

ACTION ...

... auf Bayerisch

Mit traditionellen Events versüßen sich die Oberbayern ihre Sonntage. Dabei werden Ochsen-, Schubkarrenrennen und Fischerstechen immer beliebter und ziehen die Massen an. Beim *Ochsenrennen* in Münsing kommt es nicht darauf an, wer den größten, sondern wer den schnellsten Stier am Start hat. Jedes Jahr im Sommer heißt es aufsitzen, Mut beweisen und als Erster durchs Ziel jagen. Mittlerweile pilgern Tausende Besucher in die Freiluftarena in der Nähe des Starnberger Sees *(www.ochsen rennen.de,* Foto). Von Seeshaupt über Tutzing bis nach Starnberg beweisen die Oberbayern Gleichgewichtssinn beim jährlichen *Fischerstechen (www.starnbergerseeinfo. de/veranstaltungen/fischerstechen).* Auch das verrückte Schubkarrenrennen in Riedering ist gerade dabei, Kultstatus zu erreichen *(www.jungbauernschaft.com).*

SZENE

▶▶ FRISCHE MODEIDEEN

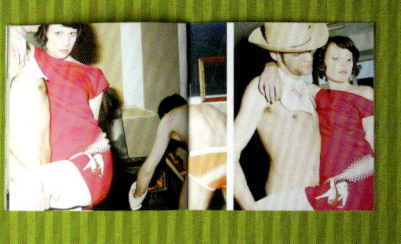

Designer auf dem Vormarsch

Gucci, *Prada* und *Escada* haben ausgedient. Außerhalb Münchens blüht eine eigene Modeszene auf, die den großen Namen Konkurrenz macht. Beate Bonk und Jutta Schöpfel kreieren in ihrem Atelier Abendroben, die sich auf jedem roten Teppich sehen lassen können *(Milchstr. 8, Ingolstadt, www.bonk-mode.de)*. Andrea Körber geht einen Schritt weiter und kombiniert in ihrem Laden Interieur und Fashion. Die Frage, welches Sofa zu welchem Outfit passt, wird hier beantwortet *(Am Ludwigsplatz 19, Rosenheim, www.andrea-koerber.de)*? Das freche Modelabel *Shark'n Bite* aus Rosenheim verkauft seine außergewöhnlichen Kollektionen im eigenen Shop. Erkennungszeichen: das Hai-Logo *(Shark'n Bite Store, Steinbökstr. 4, www.sharknbite.de)*. T-Shirt bedrucken kann fast jeder. Doch *Mister Beaver* aus Ingolstadt bringt echte Kunstwerke auf die Shirts. Jeden Monat gestalten angesagte lokale Kreative ein T-Shirt, das in limitierter Stückzahl verkauft wird *(www.mister-beaver.de, Foto)*.

▶▶ NACHHALTIG

Pflege und Schutz

Oberbayern schaut hin und tut was für Natur und Umwelt. In der Gemeinde Hurlach können Baumpatenschaften übernommen werden. Ziel ist es, alte Obstbaumsorten zu erhalten und zu pflegen *(www.ale-oberbayern.bay ern.de, Kontakt: erhard.michalke@ale-ob. bayern.de)*. Große Schritte in Richtung Klimaschutz unternimmt die *Energieschule Oberbayern*. Die drei Projektpartner *Ziel 21 e. V.* (www.ziel21.de), die *Bürgerstiftung Energiewende Oberland* (www.energiewende oberland.de) und *Green City e. V.* (www.greencity.de) verstehen sich als Wegbereiter der Energiewende. Mit ihrer Energieschule Oberbayern wollen sie mittels Aufklärung und Vorträgen Jugendlichen und Erwachsenen erneuerbare Energien näherbringen.

▶▶ AIRBOARDING

Rasanter Trendsport

Vergessen sind Ski und Snowboard – wer die wahre Herausforderung im Schnee sucht, wagt sich aufs Airboard, eine Art Highspeed-Luftmatratze. Mit bis zu 100 km/h rasen Mutige auf dem Bauch liegend den Berg hinab. Gesteuert wird der aufblasbare Schlitten durch Gewichtsverlagerung. Bremsen ist nur möglich, indem man ihn querstellt. Zu den oberbayerischen Airboarding-Hotspots zählt der Blomberg bei Bad Tölz. Hier steht das Team von *Montevia* bereit und zeigt Actionfans, wie sie auf dem Airboard schnell und sicher ins Tal kommen *(www.montevia.de,* Foto*)*. Bei Lenggries am Streidlhang unter dem Berg Brauneck gibt es bereits einen eigenen Airboard-Parcours *(www.streidllift.de)*. Wer den ultimativen Adrenalinkick sucht, ist auch bei Peter Zachmann von den *Outdoor-Freaks* richtig. Bei seinen Airboardkursen gerät das Blut der Teilnehmer garantiert in Wallung *(www.freaks24.de)*.

▶▶ DER SONNE ENTGEGEN

In-Location: Beachclub

Sonne und Seen setzen die neuen Beachbars perfekt in Szene. Wenn über das Wasser leise Chilloutklänge wehen und die Stimmung entspannt ist, bekommt kein Oberbayer mehr Fernweh. Karibik-Feeling pur herrscht in der *Palma Beachbar* in Übersee am Chiemsee. Hier genießen Szenegänger bei einem Drink im weichen Sandstrand den Sonnenuntergang oder lassen sich bei einer Massage verwöhnen. Bis tief in die Nacht wird der neue Summer-Spirit zelebriert *(Julius-Exter-Promenade 31, www.panzerhalle.de,* Foto*)*. Romantikfans sind im *Bootshaus* in Schongau richtig. Die Beachbar ist auf Stelzen gebaut und scheint direkt über dem Wasser zu schweben. Lampions sorgen für eine stimmungsvolle Beleuchtung *(Schongauer Lechsee Lido, www.gastronomie-schongau.de/boha.html)*. Sportlicher geht's am *Roberto Beach* in Aschheim zu. Beachvolleyball und Wakeboarden stehen hier auf dem Programm *(Am Sportpark 20, www.robertobeach.de)*.

▶▶ BAVARIAN SOUND

Keine Ahnung von Tuten und Blasen

Wer Oberbayern nur mit Volksmusik verbindet, der liegt falsch. Independent, Ska und Streetpunk geben den Ton in der Region an. Bands wie *Skanking Scum* (Foto) mit ihrer Mischung aus Punkrock und Ska finden inzwischen nationale Anerkennung. Live gibt's den Sound im *Club Metropolitain* in Traunstein *(Gabelsbergerstr. 1, www.clubmetropolitain.de)* oder dem *Café LiBella (Trostberger Str. 6, Altenmarkt a. d. Alz, www.cafe-libella.de)*.

▶▶ SOLO UND FARBWENZ

Revival eines Traditionsspiels

Die junge Generation entdeckt das Kartenspiel Schafkopf wieder! Es gilt im Gegensatz zu Poker nicht als Glücksspiel, da alle Karten ausgeteilt werden. Wer also etwas Mini-Kasino-Luft schnuppern und mit den Menschen der Region in Kontakt kommen will, sollte sich mit den Regeln vertraut machen. Am besten bei *Sauspiel – Schafkopf unter Freunden* – einem Onlineportal aus Freising mit vorwiegend jungen Leuten zum Lernen und Üben *(www.sauspiel.de)*. Einen Schritt weiter gehen Zocker, wenn es „Schafkopfer willkommen!" heißt: In der *Vetternwirtschaft (Oberaustr. 2, Rosenheim, www.vetternwirtschaft.net)* oder dem Gasthof *Zum Pfaffenstefl* in Lenggries *(Jachenauer Str. 75)* wird gespielt, und jeder darf mitmachen.

▶▶ ALLES IMPRO ODER WAS?

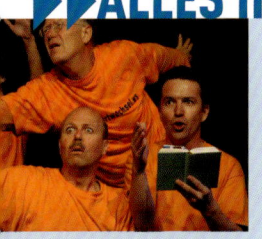

Spontan und zeitgemäß

Ein Wort gibt das andere, bis sich daraus neue, lustige, traurige, bissige und phantasievolle Stücke entwickeln. Gerade das macht Improtheater zum neuen Kulturliebling der Region. Meister der Spontanität ist die Gruppe *Wortwechsel* aus Wasserburg a. Inn *(www.wortwechsel.ws, Foto)*. Laien lernen die Improkunst beim Workshop der Gruppe *Stadt-Land-Impro* im *Künstlerhof (Ludwigsplatz 15, Rosenheim)*. Wer lieber zusieht als mitmacht, ist im *TAM – Theater am Markt* richtig *(Chiemseestr. 31, Rosenheim, www.tam-ost.de)*. *G'scheiterhaufen*, die Lokalmatadoren aus Ingolstadt, spielen regelmäßig im *Kunst-Werk* im Klenzepark *(Flankenbatterie 105, www.kunst-werk-ingolstadt.de)*.

> BENEDIKTINER, GRANT UND
ZUPFGEIG'N

Oberbayerische Betrachtungsweisen zwischen Kunstgenuss und Selbstironie

BENEDIKTINER

Den Benediktinermönchen früherer Jahrhunderte ist es zu verdanken, dass Oberbayern auch heute noch zu den einzigartigen Klosterlandschaften Deutschlands zählt. Zum Beispiel in Andechs, Ettal, Frauenchiemsee und Tegernsee. Dank der hohen Bierbraukunst der Benediktiner sind die diversen Klosterbierstüberl erfüllt mit pulsierendem Leben.

Bild: Kloster Ettal im Pfaffenwinkel

DER BLAUE REITER

Im Murnauer Schlossmuseum und im sogenannten Russenhaus im Süden der Marktgemeinde finden sich viele Zeugnisse der grandiosen expressionistischen Leistungen von Gabriele Münter, Wassily Kandinsky, Franz Marc und Marianne von Werefkin. Um die Hinterglasmalerei der Einheimischen zu studieren und um die Faszination der Landschaft aus-

STICH WORTE

zukosten, waren die Künstler aufs Land gezogen. „Blauer Reiter" nannte sich die Künstlervereinigung deshalb, weil alle Mitglieder Pferde und die Farbe Blau mochten.

DATEN & FAKTEN

Der Regierungsbezirk Oberbayerns ist mit 17 500 km² Fläche und über 3,7 Mio. Einwohnern (von ihnen etwa 1,3 Mio. Münchner) der größte unter den sieben Bezirken des Freistaats Bayern, flächenmäßig sogar größer als das Bundesland Schleswig-Holstein. Die Mehrzahl der Besucher verstehen unter Oberbayern die seenreiche, voralpine Bilderbuchlandschaft zwischen München und der österreichischen Staatsgrenze, wo die Zugspitze (2964 m) bei Garmisch und der Watzmann (2713 m) bei Berchtesgaden die markanten Höhepunkte bilden.

Doch auch das nördliche Oberbayern mit der jugendlichen Metropole Ingolstadt, dem altehrwürdigen Freising und dem idyllischen Altmühltal wird kulturell wie sportlich Interessierte begeistern. Oberbayern ist traditionell landwirtschaftlich geprägt, doch tragen mittlerweile auch eine expandierende, saubere Hightechindustrie sowie vor allem ein florierender Tourismus (rund 7 Mio. Touristen jährlich) zum Wohlstand der Bevölkerung bei.

FINGERHAKELN

Mehr als bloße Heimatabendgaudi. Wirklicher Sport! Die Kontrahenten spannen Zeige- und Mittelfinger in einen Lederring und versuchen, sich gegenseitig über den Tisch zu ziehen. Für diesen Kraftakt wird hart trainiert. Melden Sie sich ruhig einmal zu einem Wettbewerb an.

FÖHN

Plötzlich unpässlich? Plötzlich Kopfschmerzen? Plötzlich Kreislaufprobleme? Dann kann es gut sein, dass der Föhn, der Fallwind, der von Süden nach Norden aus dem Gebirge kommt, sein grimmiges Spiel mit Ihnen treibt. Sensible Menschen leiden unter diesem Phänomen. Auf der anderen Seite bringt dieser Wind, der sich an den Berghängen erwärmt, extreme Fernsicht, und er sorgt für garantiert schönes Wetter.

GAMSBART

Ursprünglich eine Jagdtrophäe. Die Haare vom Rücken der Gämse sind die Krönung des männlichen Hutschmucks der Einheimischen und auch bei Urlaubern sehr begehrt. Stattliche Gebinde kosten ein paar Tausend Euro.

GANGHOFER

Wenn in Ihrem Ferienort das Bauerntheater ein Ganghofer-Stück spielt, unbedingt hingehen. Kurzweilige Unterhaltung ist garantiert. Ludwig Ganghofer lebte vor gut 100 Jahren. Zu seinen schier unzähligen Romanen und Bühnenwerken zählen solche „Reißer" wie: „Der Herrgottsschnitzer von Ammergau", „Schloss Hubertus", „Waldrausch" oder „Das Schweigen im Walde"!

GEBRÜDER ASAM

Die Brüder Cosmas Damian und Egid Quirin Asam waren im 17. Jh. als Bildhauer, Stuckateure und Baumeister in ganz Südbayern wichtige Vertreter des Spätbarocks. Zu ihren Meisterwerken zählt die Klosteranlage in Benediktbeuern, aber auch der Dom in Freising und die Kirche Maria de Victoria in Ingoldstadt tragen ihre Handschrift.

GEIGENBAU

In Mittenwald findet alle vier Jahre ein internationaler Geigenbauwettbewerb statt, so auch 2009 und 2013. Gäste können während einer Sonderausstellung die neuen Meisterwerke bewundern. Der Mittenwalder Matthias Klotz brachte im 17. Jh. nach Lehrjahren in Padua den Geigenbau nach Mittenwald.

GRANT

Vorsicht, wenn der Grantler seinen Grant hat! Das Frühstücksei ist zu hart, das Bier nicht kalt genug, das Wetter zu schlecht oder zu schön. Er, der Grantler, fühlt sich in seinem Zustand sauwohl. Lassen Sie ihm seine schlechte Stimmung, und freuen Sie sich, dass es Ihnen besser geht.

KÖNIG LUDWIG II.

Ach, der „Kini"! Was hat der schwermütige Monarch (1845–86) nicht alßerhalb oberbayerischer Grenzen, Schloss Linderhof, Herrenchiemsee, die Schachen- und Herzogstandhäuser als erstrebenswerte Wanderziele. Dem „Kini" sei Dank!

LUDWIG THOMA

Gerade an Regen- oder Urlauberfaulenzertagen bietet es sich an, einen Roman von Ludwig Thoma (1867–1921) zur Hand zu nehmen. Wer Land und Leute früherer Jahrzehnte unverfälscht kennenlernen möchte, ist beim literarischen Groß-

Schloss Linderhof – keiner baute mehr Traumschlösser in Bayern als König Ludwig II.

les hinterlassen! Er hat, ohne es zu ahnen, sehr viel dazu beigetragen, dass Oberbayern heutzutage eine der beliebtesten deutschen Ferienregionen ist. Neuschwanstein knapp au-

meister bayerischer Romane und Komödien bestens aufgehoben. Zu seinen Hauptwerken zählen: „Die Lausbubengeschichten" und „Heilige Nacht".

MARTERL

Immer wieder werden Ihnen bei Spaziergängen und auf Friedhöfen kleine, meist bunt bemalte Tafeln begegnen. Das sind Erinnerungen an Unglücks- und Todesfälle. Doch die Marterln sind auch Zeugen hoher Volkskunst und geben nicht selten

Und fröhlich wippt am Hut der Gamsbart ...

Anlass zum Schmunzeln: „Hier ruht Xaver Reindl – gelebt hat er wie ein Schweindl. Gesoffen hat er wie eine Kuh, der Herr gebe ihm die ewige Ruh!"

POLT

„Gerhard Polt verkörpert wie kaum ein anderer die Zerrissenheit des bayerischen Wesens zwischen Spießertum und Anarchie" schrieb die in Berlin erscheinende Taz über den oberbayerischen Autor, Schauspieler und Kabarettisten. „Ich bin eine Zeit lang in Altötting aufgewachsen, was sehr günstig ist, wenn man Komiker werden will", erläutert Polt seinen Erfolg. Seine Auftritte mit den drei *Well-Buam* von der *Biermösl Blosn* sind Höhepunkte des bayerischen Wortwitzes und der Satire und deshalb immer sofort ausverkauft. Wenn Sie Gelegenheit haben, Polt und Kollegen live zu erleben, möglichst noch im Bierzelt, dann nichts wie hin! Das Programm steht auf *www.biermoesl-blosn.de*.

ROKOKO

Als Weiterführung des international angesehenen Barockstils führte das Rokoko im 18. Jh. zu bis dahin unbekannter und nie erreichter Ausprägung in der Baukunst. Die Symmetrie, ein wichtiges Element im Barock, wird jetzt völlig vernachlässigt. Besonders sakrale Bauwerke mit ihren reichen Stuckverzierungen in Weiß und Gold belegen noch heute in ganz Oberbayern, welche heitere, beschwingte Schönheit das Zeitalter des Rokoko ausstrahlt.

TRACHTEN

Nicht alles, was sich Tracht nennt, ist auch eine. Leider wird traditionelles bäuerliches Werktags- und Festtagsgewand immer wieder von Nachahmungen im sogenannten Landhausstil torpediert. Wer sich Dirndl oder Trachtenjoppe und Lederhose leisten will, Kleidungsstücke, die wirklich

STICHWORTE

der Trachtenbewegung entsprechen, die vor gut 100 Jahren in Bayrischzell ihren Ursprung hatte, der sollte nicht im großen Bekleidungshaus, sondern bei ortsansässigen Trachtenschneidern nachfragen.

WATZMANN

Oberbayerns zweithöchster Berg (2713 m) hat eine schaurig-schöne Geschichte: Einer Sage nach erstarrte ein grimmiger, böser König zu Stein. Auch seine Familie, die Frau und fünf Kinder, wurden zu schroffem Fels. Mit ein wenig Phantasie sehen sie Watzmann, Watzfrau, und Watzkinder als Silhouette an einem himmelblauen Supersonnentag.

„WIR SIND PAPST"

Das verkündete „Habemus Papam" auf dem Petersplatz in Rom am 19. April 2005 hat in Oberbayern eine riesengroße Euphorie ausgelöst. Seither pilgern Zehntausende Wallfahrer zum Geburtshaus von Josef Ratzinger nach Marktl am Inn, machen sich Einheimische und Urlauber auf die Spurensuche hin zu den früheren Wirkungsstätten von Papst Benedikt XVI. Der Papsttourismus treibt bereits eigenartige Blüten: Als Mitbringsel gefragt sind unter anderem „Papstbier", „Papstbrot" oder, als Kuchen, „Ratzingerschnitten".

ZUPFGEIG'N

Eigentlich ist dies die Bezeichnung für eine Gitarre, aber häufig wird in Bayern hiermit auch eine „wuide Henna", also „wilde Henne" betitelt. Gemeint ist damit kein Federvieh, sondern eine Frau, die ziemlich schräg drauf ist.

DAS KLIMA IM BLICK
Handeln statt reden — atmosfair

Reisen bereichert und verbindet Menschen und Kulturen. Jedoch: Wer reist, erzeugt auch CO$_2$. Dabei trägt der Flugverkehr mit bis zu 10 % zur globalen Erwärmung bei. Wer das Klima schützen will, sollte sich somit nach Möglichkeit für die schonendere Reiseform (wie z.B. die Bahn) entscheiden. Wenn keine Alternative zum Fliegen besteht, so kann man mit *atmosfair* handeln und klimafördernde Projekte unterstützen.

atmosfair ist eine gemeinnützige Klimaschutzorganisation.

Die Idee: Flugpassagiere spenden einen kilometerabhängigen Beitrag für die von ihnen verursachten Emissionen und finanzieren damit Projekte in Entwicklungsländern, die dort helfen den Ausstoß von Klimagasen zu verringern. Dazu berechnet man mit dem Emissionsrechner auf *www.atmosfair.de* wie viel CO$_2$ der Flug produziert und was es kostet, eine vergleichbare Menge Klimagase einzusparen (z.B. Berlin–London–Berlin: ca. 13 Euro). *atmosfair* garantiert, unter der Schirmherrschaft von Klaus Töpfer, die sorgfältige Verwendung Ihres Beitrags. Auch der MairDumont Verlag fliegt mit *atmosfair*.

Unterstützen auch Sie den Klimaschutz: *www.atmosfair.de*

FESTSEELIGKEIT IN WEISS-BLAU

Reggae-Summer, Ritterspiele und Oktoberfest: die Oberbayern feiern das ganze Jahr über

> Waldfest, Kirchenfest, Bierfest – nicht nur die überdurchschnittlich vielen Feiertage, vor allem aber die Lebenslust der Einheimischen ist die Triebfeder dafür, dass es in Oberbayern keinen Festtag und kein Wochenende ohne eine Feier gibt.

OFFIZIELLE FEIERTAGE

1. Jan. *Neujahr;* **6. Jan.** *Heilige Drei Könige;* **März/April** *Karfreitag, Ostermontag;* **1. Mai** *Tag der Arbeit;* **Mai/ Juni** *Christi Himmelfahrt, Pfingstmontag, Fronleichnam;* **15. Aug.** *Mariä Himmelfahrt;* **3. Okt.** *Tag der Deutschen Einheit;* **1. Nov.** *Allerheiligen;* **25./26. Dez.** *Weihnachten*

FESTE UND VERANSTALTUNGEN

Fasching (Jan.–März)

Beginnend am Tag nach den *Heiligen Drei Königen* (6. Jan.) bis zum Faschingsdienstag. Höhepunkt ist das *Skifahren auf der Firstalm* im Spitzinggebiet (Faschingssonntag).

März

Stelldichein der weltbesten Jazzmusiker bei den ⭐ *Jazztagen Burghausen* gegen Ende März, *www.b-jazz.com*

Mai/Juni

Das *Maibaumaufstellen* am 1. Mai ist ein Fest fürs ganze Dorf, vorausgesetzt, der Maibaum, ein schlanker, entrindeter Stamm mit Wipfelbusch und grünem Kranz, wurde nicht bei Nacht und Nebel vom Nachbarort gestohlen.

Am Fronleichnam werden die Häuser mit jungen Birkenzweigen geschmückt, feierliche *Prozessionen* ziehen von Altar zu Altar. Besonders eindrucksvoll: die ⭐ *Prozession auf dem Staffelsee.* Geschmückte Fischerboote und Kähne rudern hinter dem schwimmenden Altar.

Mai–September

Musikalischer Frühsommer: festliche Konzertveranstaltungen in Schlössern und Klöstern

Im Juni findet die Konzertreihe der ⭐ *Richard-Strauss-Tage* in Garmisch-

Aktuelle Events weltweit auf www.marcopolo.de/events

> EVENTS
FESTE & MEHR

Partenkirchen statt, und von Juni bis August *Orff in Andechs*, Theater- und Opernaufführungen mit Werken von Carl Orff, *www.andechs.de*

Juli/August
Auf *Schloss Kaltenberg bei Geltendorf* werden farbenprächtige *Ritterspiele* veranstaltet: wilde Gefechte, wuchtige Rösser und spannende Turniere. Ganz in der bäuerlichen Tradition dagegen stehen die ⭐ *Kiefersfeldener Ritterspiele:* schaurig-schöne, ländliche Komödien um Ritterfräulein und Schlossgespenster.
Beim alle zwei Jahre stattfindenden *Neuburger Schlossfest* tanzen die mittelalterlich gewandeten Protagonisten den *Steckenreitertanz,* demnächst 2009. Beim ⭐ *Reggae-Summer am Chiemsee* treffen sich Reggaefans aus ganz Europa, *www.chiemsee-reggae.de*.

Juli–September
Zu den eindrucksvollsten Seefesten zählt das *Eibseefest bei Grainau,* zu den schönsten Waldfesten das *Trachtenwaldfest in Kreuth* hinterm Tegernsee. Unverfälscht und urgemütlich geht es auf dem *Stadelfest in Schöffau* bei Uffing zu.

August/September
Ähnlich dem Münchner Oktoberfest, jedoch wesentlich beschaulicher ist das *Rosenheimer Herbstfest* Ende August bis Mitte September.

November/Dezember
St. Leonhard, Schutzpatron der Pferde, wird am 6. Nov. verehrt, *Leonhardifahrten und -ritte* z.B. in *Bad Tölz, Murnau, Bad Feilnbach und Kreuth.* Die *Christkindlmärkte* im Dezember zaubern vorweihnachtliche Stimmung in Dörfer und Städte wie *Andechs, Dießen, Glentleiten* oder *Tegernsee.* Zwischen 22. Dez. und 6. Jan. sind die *Raunächte:* Furchterregende Perchten verjagen im Berchtesgadener Land mit geschwärztem Gesicht und Kuhhörnern auf dem Kopf die Wintergeister.

> SCHMANKERLN VON SCHWEIN BIS SCHWAMMERLN

Oberbayerns Weiden, Äcker, Wälder und Seen liefern erstklassige Produkte für die Gastronomie

> **Die oberbayerischen Bauern haben in den letzten Jahren umgedacht: Lange Jahre verschwanden ihre Produkte in Supermärkten und Großhandelsketten, jetzt haben sie sich wieder auf die Selbstvermarktung besonnen.**

Kein Dorf ist zu klein, als dass nicht ein paar Obst- und Gemüsestände zu finden wären, eingeführte exotische Früchte machen wieder heimischen Produkten Platz. Massenaufzucht von Rindern, Gänsen und Enten ist

genauso verpönt wie Legebatterien und Kunstdünger. Je nachhaltiger moderne Gentechnik diskutiert wird, umso mehr züchten die oberbayerischen Bauern wieder alte Kartoffel- und Getreidesorten. Nahe Andechs wächst das weit und breit härteste Weizenkorn heran, sodass große italienische Nudelhersteller den Andechser Hartweizengrieß importieren. Daher besinnen sich auch bodenständige einheimische Gastronomen

Bild: Schweinshaxe mit Semmelknödel

ESSEN & TRINKEN

auf traditionelle Nudelgerichte und Mehlspeisen aus Omas „Bayerischem Kochbuch".

ESSEN

Ein klassisches Mittag- oder Abendessen beginnt mit einer deftigen und kräftigen „Supp'n". Beliebte und köstliche Suppeneinlagen sind Grießnockerl, Pfannkuchen, also dünne Eierkuchen, oder heimische Schwammerln. Im Raum Tegernsee und zwischen Oberammergau und Mittenwald kennen die Einheimischen perfekte Steinpilz- und Pfifferlingsplätze. Diese „Schwammerln" wandern auch getrocknet in den Suppentopf.

In der oberbayerischen Fleischküche ist Vielfalt angesagt. Auch wenn sich „resche", also knusprige Schweinshaxen, Schweinsbraten und Schweinswürstel weiterhin großer Beliebtheit erfreuen, sind heimisches

Milchlamm, Jungrinderbraten und Wild aus speziellen Zuchtgehegen auf dem Vormarsch. Wie wäre es mit einem „Bürgermeisterstückl", einem besonders zarten Stück gekochten Rindfleischs aus der oberen Keule, das mit Meerrettich serviert wird?

Die natürlichen Fischgewässer der Region bringen immer weniger Ertrag – Chiemsee-, Starnbergersee- und Ammerseeberufsfischer haben ihre liebe Not. Daher setzen Freunde frischer Fische vermehrt auf Fischzuchten. Besonders begehrt und beliebt sind geräucherte ==Saiblinge und Forellen aus der herzoglichen Zucht in Wildbad Kreuth,== *Insi Tip* südlich des Tegernsees.

> SPEZIALITÄTEN

Genießen Sie die typisch oberbayerische Küche!

▉ SPEISEN ▉

Brez'ngugelhupf – Brezelteig mit Petersilie im Guglhupf gebacken

Erbswurstsupp'n – pürierte Erbsen in Wurzelsud

Fleischpflanzerl – Rinderhackbällchen

G'röstl – abgebräunte Kartoffeln mit Suppenfleisch und Zwiebeln

Kaiserschmarrn – Eierpfannkuchen mit Zucker und Preiselbeeren

Kalbshaxe mit Krautsalat – knusprige Haxe mit Kümmel-Weißkraut

Kohlrabigmias – Kohlrabi in dünne Stifte geschnitten, mit Sahne und Butter

Krautwickerl – Schweinshackfleisch in Weißkrautblättern

Lüngerl sauer – fein geschnittene Kalbslunge in Essigsud

Presssack – schwarz oder weiß, angerichtet mit Essig, Öl und viel Zwiebeln

Reiberdatschi – Kartoffelpuffer scharf mit Zwiebeln abgebräunt

Schwammerlsupp'n – heimische Waldpilze in Rinderbrühe

Semmelschmarrn – eingeweichte Semmeln in Fett ausgebraten

Waldschwammerln – Pfifferlinge mit Semmelknödel

Weißwürste mit Brez'n und Senf – Kalbsbrätwürste im nicht kochenden Wasser erhitzt (Foto)

Wurstsalat – dünn geschnittene Regensburger mit Zwiebeln, Essig und Öl

Zwetschgenknödel – Zwetschgen in Kartoffelteig

▉ GETRÄNKE ▉

Dunkler Bock – schweres, malziges Bier mit bis zu 7,5 % Alkohol

Kellerbier – helles Bier, ungefiltert und naturtrüb

Kracherl – Zitronenlimonade

Radlerhalbe – Mischung aus hellem Bier und Limonade

Russ'nmaß – Mischung aus Weißbier und Limonade

Weißbier – gebraut aus Hopfen, Weizen und Wasser

Auf oberbayerischen Speisekarten bekommt inzwischen auch die fleischlose Küche immer mehr Platz. Hatte ein Vegetariergericht in einem traditionellen Wirtshaus lange Zeit nur eine Alibifunktion, besinnen sich gerade engagierte junge Köchinnen und Köche des reichhaltigen Angebots aus heimischem Boden.

Richtig abgerundet wird ein Mittagsmahl oder Abendessen mit einer Nachspeise oder Käse. Das Agrarland Oberbayern liefert mit seinen variantenreichen Molkereiprodukten genug Beiwerk für Soufflés, Torten und Sahnecremes. Beliebt sind auch „Apfelkücherl" oder Birnenkompott, hergestellt aus den Früchten der Obstgärten zwischen Tegernsee und Rosenheim. Und Benediktinerklöster wie Andechs oder Ettal, die sich auf alte Rezepte der Käseherstellung besonnen haben, sorgen für köstliche Käsespezialitäten.

Neben den alteingesessenen Wirtshäusern in Oberbayern finden sich immer mehr Gastronomiebetriebe, die von früh bis spät kleine, feine Köstlichkeiten und natürlich die traditionelle Weißwurst vorhalten. Früher musste man das morgens frisch produzierte Schmankerln möglichst schnell, also „vor dem Zwölfuhrläuten", verzehren. Heute werden Weißwürste bei der Herstellung gebrüht und halten so problemlos den ganzen Tag.

TRINKEN

Ist es der Klimawandel? Einige oberbayerische Orte, z. B. am Chiemsee, bauen wieder, wie vor Jahrhunderten, an winzigen Hängen Wein an. Aber natürlich steht das Bier weiterhin ganz oben auf der Beliebtheitsskala. Deutschlands erstes Braurecht wurde im Jahr 1040 dem Benediktinerkloster Weihenstephan zuerkannt. Anstelle des Weizenbiers, das in ganz

Bier und Brez'n, bayerischer geht's nimmer

Oberbayern in den vergangenen Jahren in Mode war, findet jetzt das schwere, malzhaltige Dunkle wieder immer mehr Freunde. Aber viele Bauern bieten auch selbst gepresste Säfte aus ihren Obstgärten an.

AUS KLÖSTERN UND WERKSTÄTTEN

Mitbringsel aus Oberbayern müssen nicht immer Dirndl und Gamsbart sein

> Leibliche Genüsse spielen in Oberbayern eine große Rolle, und so verwundert es nicht, dass auch die Souvenirs zu einem guten Teil aus der Genießerecke stammen.

BIER

Vielleicht bringen Sie Ihren Lieben zu Hause Bier aus der ältesten Klosterbrauerei der Welt mit, nämlich aus Kloster Weltenburg am Donaudurchbruch *(www.weltenburger.de)*. Die älteste Weißbierbrauerei Bayerns, Schneider, ist in Kelheim *(www.schneider-weisse.de)* daheim. Und in Freising sitzt gar die älteste Brauerei der Welt, Weihenstephan *(www.brauerei-weihenstephan. de)*. Ebenfalls beliebt: Bier vom „Heiligen Berg" aus dem Kloster Andechs *(www.andechs.de)*. Dazu passt ein Bierseidel aus Steingut, eine Maß also.

CHARIVARI

Kein Oberbayer wäre früher auf die Idee gekommen, diese silberne Schmuckkette mit allerlei Anhängern zu kaufen.

Ein Charivari wurde von Generation zu Generation vererbt und veränderte sich mit den Vorlieben des Trägers: Die einen hängten Silbermünzen dran, die anderen Tierpfoten oder Stücke vom Geweih des erlegten Wilds, auch andere Jagdtrophäen waren üblich. Dieser ganze Stolz eines oberbayerischen Mannsbilds wurde an der Lederhose getragen. Charivaris aller Qualitäten und Größen gibt es heutzutage natürlich in Trachten- und Schmuckgeschäften zu kaufen. Dezente Modelle sind durchaus hübsch, nur vor allzu protzigem Schmuck sollte man sich als Nicht-Jäger hüten.

HOLZSCHNITZEREIEN

Geschnitzt wird überall im Bauernland, besonders berühmt sind aber die Kunsthandwerker in Oberammergau, deren Heiligenfiguren und andere Werke in den Souvenirgeschäften teils sehr nach japanischem und amerikanischem Geschmack gefertigt sind. Ungewöhnlich und originell, dabei aber durchaus der örtlichen Tradition verbunden, sind die

> EINKAUFEN

Schnürkasperln aus Oberammergau, Marionettenfiguren mit Charakter *(www.schnuerkasperl.de)*.

SALZ

Das in Berchtesgaden gebrochene Salz gibt es in jedem Supermarkt deutschlandweit zu kaufen. Doch im Laden am Bergwerk bekommen Sie besondere Qualitäten und Würzsalze *(www.salzzeitreise.de)*.

SCHNAPS

Ein echt bayerisches Gewächs ist der Enzian und als Schnaps eine Wohltat für den übersättigten Magen. Die aromatisch-bittere Spirituose wird in Oberbayern schon seit Jahrhunderten aus der gelben Enzianwurzel gebrannt, die dazu in mühseliger Arbeit mit der Spitzhacke ausgegraben, zerkleinert und zu Maische gegoren wird.

SPARGEL

Die Kleinstadt Schrobenhausen, mit ihrer gut erhaltenen Stadtmauer und der historischen Altstadt übrigens ein reizvolles Ziel im nördlichen Oberbayern, ist weltberühmt für die Qualität ihres Spargels. Von Anfang April bis Johanni am 24. Juni können Sie das edle Gemüse bei verschiedenen Direktvermarktern um Schrobenhausen günstig kaufen.

TRACHT & WOLLWAREN

Wollen Sie weit weg von Rüschenkitsch und üppig geschmückten, überbunten Modellen im Landhausstil echte oberbayerische Tracht kaufen? Zwei Miesbacher Säckler machen wunderschöne Lederhosen: *Lederhosen Moser (Frauenhoferstr. 6 | Tel. 08025/22 48)* und *Lederhosen Seidl (Frühlingsstr. 5 | Tel. 08025/25 49)*. Allerdings haben diese hand- und maßgefertigten Stücke ihren Preis. Gemütliche, handgestrickte Wollsocken und Hausschuhe, Schafwollteppiche nach Maß und vieles mehr bekommen Sie bei der *Schafwollspinnerei Wendelstein (Litzldorf, Aiblinger Str. 1, Bad Feilnbach | Tel. 08066/362 | www. schafwolle-hoefer.de)*.

Insider Tipp

> BADESPASS IM WANDER-PARADIES

In der Seenlandschaft vor den Türen Münchens machen die Bayern selbst gern Urlaub

> **In der Region zwischen Starnberger See und Ammersee verbringen die Oberbayern ihre Freizeit besonders gern.**
Diese beiden großen „Badewannen Münchens" laden zum Segeln und Schifferlfahren ein, während Pilsensee, Wörthsee und Wesslinger See beliebte Ausflugsziele für Wanderer und Biergartenbesucher sind. Die Tourismusverbände bieten hier auch organisierte Touren an: Beim Wandern und Radeln ohne Gepäck finden Sie Ihre Utensilien jeden Abend im nächsten Quartier wieder vor. In den Ferienzeiten sind die Fernwander- und Radwege aber stark frequentiert.

AMMERSEE

[118 B1–2] Bayerns drittgrößter See breitet sich vor allem an seinem Südufer zum viel besuchten Spazier- und Radwandergebiet aus. Das Naturschutzgebiet hier ist eine beliebte Brutstätte für seltene

Bild: Roseninsel, Starnberger See

STARNBERGER FÜNF-SEEN-LAND

Vogelarten und nur auf Fußwegen zugänglich. Weniger Freude haben die Berufsfischer des Ammersees an den immer größer werdenden Vogelkolonien, denn die gefräßigen Gäste machen sich im Ammersee über Renken und Zander her. Der See ist 16 km lang, maximal 6 km breit und bis zu 81 m tief. Während der Starnberger See wegen seiner „königlichen" Vergangenheit noch heute viel Prominenz anzieht, ist der Ammersee

der beschauliche „Bauernsee" geblieben, der besonders Badegäste, Surfer, Segler und Angler anzieht. Hauptort des Ammersees ist *Dießen* (Einzeleintrag S. 34).

■ ZIELE UM DEN SEE ■

HERRSCHING [118 B2]

Hauptvorzüge des schlichten Badeorts am Ostufer sind ein paar schöne Badeplätze bei den Ortsteilen *Lochham* und *Wartaweil* und der Spaziergang durch das Kiental hinauf nach Andechs. Im nördlichen Vorort *Breitbrunn* lockt der *Platzhirsch* mit traditioneller Küche und ausgefallenen Gerichten wie Hirschfleischpflan-

Kloster Andechs: Wallfahrtsort mit weltberühmter Klosterbrauerei

zerln oder ganzen Gänsen für bis zu 7 Personen *(Hauptstr. 6 | Tel. 08152/ 993 80 91 | www.platzhirsch-am-see. de | €€).* Bei schönem Wetter gibt's Südseefeeling im Liegestuhl und raffinierte Cocktails im *Strandhirsch.*

WESTUFER [118 B1–2]
Entlang des Westufers verteilen sich idyllische Orte, die sich aus Fischer-

dörfern in Villenkolonien verwandelt haben: *Riederau, Utting, Schondorf.* Überall gibt es schöne, autofreie Uferpromenaden und Spazierwege, Strandbäder, Segel- und Surfschulen, Cafés und Restaurants.

Herrlich gelegen ist das Restaurant *Seehaus* in Riederau mit französisch-mediterraner Küche *(tgl. | Seeweg | Tel. 08807/73 00 | www.see haus.de | €€€).* Sowohl Gaumen- wie auch Ohrenschmaus können Sie in der *Alten Villa Utting* erleben. Die fetzigen Frühschoppen sind in der Jazzszene beliebt und bekannt. Im edlen Restaurant gibt es Hirschcarpaccio, Rehfilet und frische Fische aus dem Ammersee *(Alte Villa | Mo/Di geschl. | Seestr. 32 | Tel. 08806/617 | www.alte-villa-utting.de | €€€).*

■ AUSKUNFT

BAYERISCHE SCHIFFFAHRT AMMERSEE
Stegen | Tel. 08143/940 21 | www. seenschiffahrt.de

TOURISMUSINFORMATION
Bahnhofsplatz 3, 82211 Herrsching | Tel. 08152/52 27 | www.sta5.de

■ ZIELE IN DER UMGEBUNG

SCHÖNGEISING [118 B1]
Das kleine *Bauernhofmuseum Jexhof* 8 km nördlich des Sees lässt besonders tief in bayerisches Seelenleben blicken. Die Ausstellungsthemen reichen von Räuberromantik bis „Politiker-Dableckn" *(Di–So 13–17 Uhr | Eintritt 3 Euro | www.jexhof.de).*

SEEFELD [118 C2]
Hoch über dem idyllischen, nur wenige Kilometer westlich des Ammer-

sees gelegenen *Pilsensee* thronen malerisch der Ort und das *Schloss Seefeld,* 1302 zum ersten Mal urkundlich erwähnt. Im gesamten Schlossbereich pulsiert das Leben: Der Hof beherbergt Kunsthandwerker, Möbel- und Antiquitätengeschäfte. Gern besucht werden hier auch Breitwandkino, Schlossmuseum und Bräustüberl *(Auskunft: Schlosshof 7 | Tel. 08152/98 08 97 | Fax 99 99 60 | www.kultur-schloss-seefeld.de).*

WÖRTHSEE   [118 B1–2]

In unmittelbarer Nähe von Ammer- und Pilsensee gelegen, ist der Wörthsee mit seinen gut 4 km² der drittgrößte See im Fünf-Seen-Land. Benannt wurde er nach der „Wörth", der einzigen Insel im See. Hier baute die Münchner Patrizierfamilie Katzmair um 1400 ein Schloss. Der See mit seinem warmen, klaren Wasser ist beliebt zum Segeln, Surfen – und natürlich zum Baden.

ANDECHS

[118 B2] ★ Andechs, Kloster auf dem Heiligen Berg und Wallfahrtskirche, ist eine Gründung der Grafen von Dießen-Andechs, die in der Heiligen Kapelle gesammelten Reliquien seit 1128 das Ziel von Wallfahrten. Nach dem Aussterben des Geschlechts gründeten die Wittelsbacher ein Augustinerchorherrenstift, das später in ein Benediktinerkloster umgewandelt wurde. Die Mönche haben es verstanden, ihre Kirche zum Ziel der populärsten Marienwallfahrt Bayerns zu machen. Dazu tragen nicht so sehr der übliche Devotionalienkitsch und die Reliquien bei, sondern die sehenswerte Kirche selbst, die gute Aussicht, die Klostergastronomie, vor allem aber das Bier. Letzteres gehört zu den beliebtesten im Lande und schmeckt bekanntlich am besten dort, wo es gebraut wird. An einem schönen Tag ist der Heilige Berg fast ein bayerisches Paradies!

MARCO POLO HIGHLIGHTS

★ **Andechs**
Rokokokirche, Traumblick und das vielleicht beste Bier Bayerns (Seite 33)

★ **Stiftskirche St. Marien**
Prachtwerk des oberbayerischen Rokokos in Dießen (Seite 34)

★ **Altstadt**
Landsbergs stolze Altstadt über dem Lech (Seite 36)

★ **Schiffsrundfahrt**
Über den Starnberger See mit dem neuen Galerie-Katamaran (Seite 38)

★ **Buchheimmuseum der Phantasie**
Die expressionistischen Bilder der „g'spinnerten Maler" sind heute Millionen wert (Seite 41)

★ **Roseninsel**
Wenn im Frühsommer die Rosen blühen, verwandelt sich das Eiland in ein Meer aus Farben und Düften (Seite 41)

★ **Osterseen**
Ein Urerlebnis ist eine Wanderung in diesem autofreien Naturschutzgebiet (Seite 41)

■ SEHENSWERTES

WALLFAHRTSKIRCHE

Weithin sichtbar ist ihr achteckiger Turm. Die Kirche wurde wiederholt umgebaut. Den rokokobeschwingten Innenraum gestaltete Johann Baptist Zimmermann 1750. Schöne Altarfiguren von Johann B. Straub und Franz Xaver Schmädl. In der Heiligen Kapelle sind die kostbare spätgotische Monstranz mit den drei Hostien und andere mittelalterliche Reliquien zu sehen. Im Rahmen verschiedener Veranstaltungen und Konzerte sind die Räumlichkeiten der Öffentlichkeit zugänglich. *Führungen auf Anfrage: Tel. 08152/ 37 61 54 | www.andechs.de*

■ ESSEN & TRINKEN

KLOSTERBRÄUSTÜBERL

Beliebte, einfache Wirtschaft mit Selbstbedienung. Regionale Spezialitäten sind der Andechser Klosterkäse, Andechser Brot und Andechser Likör. *Tgl. geöffnet | Tel. 08152/ 37 62 61 | €*

KLOSTERGASTHOF

Gehobene Küche und mehrfach prämierter ❀ Aussichtsbiergarten. *Tgl. geöffnet | Tel. 08152/930 90 | www. klostergasthof.de | €€*

■ AUSKUNFT

VERKEHRSBÜRO

Andechser Str. 16 | Tel. 08152/932 50 | www.gemeinde-andechs.de

DIESSEN

[118 B2] Der Markt (8000 Ew.) und Hauptort des Ammersee-Westufers ist aus drei Teilen zusammengewachsen: dem einstigen Fischerdorf unten am See, der bürgerlichen Marktgemeinde auf halber Höhe, in der sich Handel und Wandel konzentrieren, und dem Areal um das bedeutende, bereits 1132 gegründete Augustinerchorherrenstift, dessen Marienmünster neben der Andechser Kirche das zweite weithin sichtbare Wahrzeichen des Ammersees ist. Künstler, Musiker und Kunsthandwerker fühl(t)en sich hier zu Hause. Der berühmteste unter ihnen war der Komponist Carl Orff.

■ SEHENSWERTES

ORFF-MUSEUM

Eine Ausstellung zu Leben und Werk des großen bayerischen Komponisten und Musikpädagogen Carl Orff (1895–1982). *Sa/So 14–17 Uhr, Führungen nach Vereinbarung | Hofmarkstr. 3 | Eintritt 2 Euro*

STIFTSKIRCHE ST. MARIEN

Die Rokokokirche (1732–39) von Johann Michael Fischer, auch *Marienmünster* genannt, ist ein prächtiges Werk dieses baufreudigen Zeitalters. Die Innenausstattung stammt von den Wessobrunner Stuckateuren Feichtmair und Üblherr, die Deckenmalerei von Johann Georg Bergmüller. Ein besonders schöner Engel von Ignaz Günther befindet sich in der Nische des Rosenkranzaltars neben dem Eingang!

St. Stephan nebenan war der frühere Marstall, wurde in jüngerer Zeit zur „Winterkirche" umfunktioniert und mit kostbaren romanischen und gotischen Skulpturen ausgestattet.

■ EINKAUFEN

Dießener Keramik ist weit über die Region hinaus bekannt. Zum alljährlichen <mark>Töpfermarkt</mark> um Christi Himmelfahrt kommen Kunsthandwerker aus ganz Europa. Gutes Kunstgewerbe können Sie auch im Kiosk an der Uferpromenade finden. *Im Sommer Mo–Fr 10–12.30 und 14–17, Sa/So und im Winter 11–17 Uhr*

duell eingerichtet als Dießens ungewöhnlichste Unterkunft. Wenn Sie länger bleiben, unbedingt das <mark>Loft mit Blick über Stadt und See</mark> buchen! *7 Zi., 1 Loft | Johannisstr. 7 | Tel. 08807/922 90 | Fax 92 29 33 |* *www.maurerhansl.de* *| €€*

Überwältigend in seiner Pracht: der „Dießener Himmel" in der Stiftskirche St. Marien

ESSEN & TRINKEN

WIRTSHAUS AM KIRCHSTEIG

Die kulinarische Krönung des Aufstiegs zum Marienmünster! Dem Wirtspaar gelingt sowohl leichte bayerische wie modische Fusionsküche. *Di/Mi geschl. | Am Kirchsteig 30 | Tel. 08807/72 86 | €–€€*

ÜBERNACHTEN

HOTEL MAURERHANSL

Das 300 Jahre alte Stadthaus dient heute liebevoll renoviert und indivi-

AUSKUNFT

TOURIST INFO DIESSEN

Schützenstr. 9 | Tel. 08807/10 48 | Fax 44 59 | *www.diessen.net*

LANDSBERG AM LECH

[118 A1–2] **Stolz thront die Stadt (21 700 Ew.) über dem Lechtal. Man sieht ihr noch an, dass sie als wehrhafte Festung 1160 von Heinrich dem Löwen angelegt wurde,**

der zwei Jahre vorher auch München ge-gründet hatte. Im Gegensatz zu den mittelalterlich-schweren Festungsbauten zeigt sich der Stadtkern in gut restauriertem, barocken Gewand.

voller Rokokoausstattung und einer Terrasse mit schönem Blick über die Stadt. Eine herrliche Aussicht hat man auch vom ☀ *Bayertor* (1425) an der alten Einfahrt von München

Türme und Tore: Landsbergs Hauptplatz mit Marienstatue und Schmalzturm

■ SEHENSWERTES

ALTSTADT ⭐

Ein Rundgang beginnt am dreieckigen *Hauptplatz,* der vom *Schönen Turm* (14. Jh.), vom *Marienbrunnen* (1783) und von dem prächtig stuckierten *Rathaus* (1720) beherrscht wird. Ebenfalls am Hauptplatz steht die frühere herzogliche *Residenz.* Unter den Kirchen ist zu erwähnen: *Mariä Himmelfahrt* mit einem Rosenkranzaltar von Dominikus Zimmermann und einer Madonna von Hans Multscher; ☀ *Malteserkirche* mit auffallend hohem Giebel, prunk-

her, das zu den schönsten gotischen Stadttoren Deutschlands gehört.

■ ESSEN & TRINKEN

LICCA LOUNGE ▶▶

Landsbergs Szenetreff ist Bar, kleines Restaurant, Laden und Disco in einem. *Tgl. geöffnet | Hubert-von-Herkomer-Str. 112 | Tel. 08191/ 970 79 88 | €€*

■ ÜBERNACHTEN

GOGGL

Rundernenertes Traditionshaus in der Altstadt. Römisches Dampfbad, Solarium, Internet im Zimmer. *65 Zi., 3 Suiten | Hubert-von-Herkomer-Str. 19–20 | Tel. 08191/32 40 | Fax 32 41 00 |* www.hotelgoggl.de *| €€*

■ AUSKUNFT
FREMDENVERKEHRSAMT
Rathaus | Hauptplatz 152 | Tel. 08191/12 82 46 | Fax 12 81 60 | www.landsberg.de

STARNBERG
[118 C2] Die Kreisstadt (22 500 Ew.) am Nordende des Sees ist mit ihren Promenaden, Bootsverleihern, Cafés und Wassersportclubs die Metropole der Region – jedoch ist das Ortsbild wenig attraktiv.

■ SEHENSWERTES
ALTE PFARRKIRCHE ST. JOSEPH
Ein wenig bekanntes Rokoko-Schmuckstück, 1764–70 erbaut, mit einem meisterhaften Hochaltar von Ignaz Günther, auf dem Maria und Joseph mit dem Jesusknaben thronen.

■ ESSEN & TRINKEN

ILLGUTHS GASTHAUS
Bayerische und Tiroler Spezialitäten zu schwäbischen Weinen – ein simples und sehr schmackhaftes Erfolgsrezept! An Wochenenden reservieren! *Mo/Di geschl. | Schloßbergstr. 24 | Tel. 08151/155 77 | €€ – €€€*

Insider Tipp

■ ÜBERNACHTEN
SEEHOF
Gut geführt, zentral. *38 Zi. | Bahnhofsplatz 6 | Tel. 08151/90 85 00 | Fax 281 36 |* www.hotel-seehof-starnberg.de *| €€.*

STARNBERGER SEE
[118 C2–3] Nach dem Chiemsee Bayerns zweitgrößter See: 20,2 km lang und 4,6 km breit und bis zu 127 m tief. Mit dem Bau einer Bahnverbindung Ende des 19. Jhs. wurde der See zur „Badewanne Münchens". Auch wenn der

> G'STANZL
Oberbayerische Musik „unplugged"

In Oberbayern erleben Sie Zither, Gitarre und Hackbrett noch „unplugged". Hier dürfen Sie sich über unverfälschte Musiktradition freuen. Aber Oberbayern ist auch anders: Georg Ringsgwandl, der mittlerweile bundesweit bekannte, so genial-schräge frühere Oberarzt aus Garmisch, mischt jetzt von Murnau aus die Musikszene auf. Der Landwirt Walter Vasolt, der seine größten Erfolge beim Wettsingen am Ammersee gefeiert hat, setzt die G'stanzltradition (= Sprechgesang auf bayerische Art) eines Roider Jackl fort. Der hat, wie die Oberbayern sagen, alle „dableckt", ohne parteipolitisches Augenzwinkern. Diese Kunst beherrscht auch die musikalische Großfamilie Well, deren männliche Mitglieder als *Biermösl Blosn* mit bissigem Humor und häufig auch unter Einsatz exotischer Zusatzinstrumente große Bierzelte füllen, und das nicht nur, wenn ihr Spezi Gerhard Polt mit von der Partie ist. Ein Konzert der Herren aus Günzlhofen sollten Sie sich nicht entgehen lassen.

Starnberger See immer wieder ins Reich der Schickimicki-Welt geredet und geschrieben wird, beliebt ist er bei jedermann. Die Palette der Freizeitangebote reicht vom Segeln und Surfen bis hin zu Teamwettbewerben renommierter Ruderclubs. Hobbyfischer angeln mit etwas Glück Hecht, Renke, Huchen und Zander. Hauptorte des Starnberger Sees sind *Starnberg* und *Tutzing* (Einzeleinträge S. 37 und 40).

SEHENSWERTES

SCHIFFSRUNDFAHRT ⭐

Die angenehmste Weise, den Starnberger See kennenzulernen. An Bord bleiben einem verstopfte Straßen, überfüllte Parkplätze und unpassende Halteverbote erspart. Die große Rundfahrt dauert 3 Stunden – und vergeht wie im Fluge. Am besten beginnt man sie in Starnberg selbst. *Infos: Bayerische Seenschifffahrt | Dampfschiffstr. 5 | Tel. 08151/120 23 und 80 61 | www.seenschifffahrt.de*

AUSKUNFT

TOURISMUSVERBAND STARNBERGER FÜNF-SEEN-LAND

Für alle Orte am See ohne eigenes Verkehrsamt zuständig. *Wittelsbacherstr. 2c | Tel. 08151/906 00 | Fax 90 60 90 | www.sta5.de*

ZIELE UM DEN SEE

AMMERLAND/AMBACH   [118 C3]

Das Ostufer des Sees ist die stillere, „vornehmere" Seite. In den früheren Fischerdörfern *Ammerland* und *Ambach* (rund 15–20 km von Starnberg entfernt) gibt es noch viele alte Villen auf größeren Grundstücken, und die Uferstraße ist größtenteils für den Autoverkehr gesperrt. Davon profitieren Radwanderer und Spaziergänger. Einrichtungen für den Wassersport fehlen fast ganz, alles ist in privater Hand. Dafür treffen sich Gäste aus nah und fern hier besonders gern in einem der **schönsten Biergärten** ᴵⁿˢⁱ Tip am Ostufer des Starnberger Sees, der zum Restaurant *Zum Fischmeister* gehört: bayerische und internationale Küche, Dampfersteg und immer frische Fische *(Mo/Di geschl. | Tel. 08177/533 | €€).*

BERG   [118 C2]

Das 5 km südlich Starnbergs gelegene Dorf ist durch sein Schloss bekannt geworden. Hier verbrachte König Ludwig II. zwangsweise die letzten Tage vor seinem mysteriösen Tod am 13. Juni 1886. Der für geisteskrank Erklärte wurde mit seinem Psychiater im seichten Wasser vor dem Schlosspark ertrunken aufgefunden. Über die Hintergründe wird Österreich, verbrachte hier ihre Jugendjahre. Das Gebäude mit seinen wuchtigen Ecktürmen ist heute in Privatbesitz und kann nur von außen besichtigt werden. Das angrenzende

Ist der Mast zu hoch, wird die Brücke aufgeklappt: Bootshafen am Starnberger See

bis zum heutigen Tag gerätselt. Ein *Gedenkkreuz* und die *Votivkapelle* in Berg erinnern an seinen Tod. Ein Spaziergang durch den schönen *Schlosspark* – das *Schloss* selbst ist nicht zugänglich – ist allemal lohnend.

POSSENHOFEN [118 C2]

Possenhofen, Ortsteil von *Pöcking*, ist ein beliebtes Ausflugsziel: Hier steht das 1536 von Jakob Rosenbusch erbaute *Schloss*. Herzog Maximilian erwarb es 1834. Seine Tochter „Sisi", später Kaiserin Elisabeth von

riesige Freizeitgelände mit altem Baumbestand gehört zu den schönsten frei zugänglichen Parks am Starnberger See.

Von hier aus sind es nur wenige Wanderkilometer bis zum Gourmettempel und Hotel *Forsthaus am See*. Wegen seiner herrlichen, ruhigen Lage zu empfehlen. 21 komfortable Zimmer, ambitionierte Küche *(tgl. 12–23 Uhr | Possenhofen | Tel. 08157/930 10 | Fax 42 92 | €€€). Auskunft: Gemeinde Pöcking | Feldafinger Str. 4 | Tel. 08157/930 60 | Fax 73 47 | www.poecking.de*

TUTZING

[118 C3] Gut 1000 Jahre alt ist das ursprüngliche Fischerdorf (heute 11000 Ew.) am Starnberger See mit guten Bademöglichkeiten und mehreren Bootshäfen. Im *Rathaus (Kirchenstr. 9 | Tel. 08158/ 250 20)* finden <mark>überregional beachtete Kunstausstellungen</mark> statt.

Insider Tipp

richtet. TV im Zimmer auf Anfrage, dafür aber flächendeckend WLAN. *19 Zi. | Hauptstr. 32 | Tel. 08158/ 93 60 | www.tutzinger-hof.de | €€*

■ ZIELE IN DER UMGEBUNG ■

BERNRIED [118 C3]

Das hübsch gelegene Dorf, 5 km südlich von Tutzing, geht auf ein Au-

Das Buchheimmuseum in Bernried beherbergt unzählige Schätze des Expressionismus

■ ESSEN & TRINKEN ■

WIRTSCHAFT ZUM HÄRING

Anspruchsvolles Lokal im „Midgardhaus" mit Biergarten. Schöne Lage am Seeufer. *Mo geschl. | Midgardstr. 3–5 | Tel. 08158/12 16 | €€€*

■ ÜBERNACHTEN ■

TUTZINGER HOF 📶

Zentral zwischen Bahnhof und See gelegen und gemütlich-bayerisch einge-

gustinerchorherrenstift zurück und war jahrhundertelang ein viel besuchter Wallfahrtsort. Sehenswert sind die *St.-Martins-Kirche* des einstigen Stiftes, die *Pfarrkirche St. Maria* und die *Wallfahrtskapelle*. ❀ Südlich des Orts zieht sich das Parkgelände der *Busch-Woods-Stiftung* mit seinem prächtigen Waldbestand am See entlang. Das für Autos gesperrte Gebiet ist ideal zum

Wandern und Fahrradfahren *(Infos unter www.bernried.de).*

Nur wenige Kilometer nördlich liegt das ⭐ *Buchheimmuseum der Phantasie.* Neben der legendären Expressionistensammlung der „Brücke-Künstler" mit Gemälden, Aquarellen, Zeichnungen und Druckgrafiken u.a. von Ernst L. Kirchner, Erich Heckel und Emil Nolde beherbergt das Museum auch Kunsthandwerk aus aller Welt, bayerische Volkskunst und Kultgegenstände aus Afrika und anderen Kontinenten. Eine neu eingerichtete Museumslinie bringt Sie per Schiff von Starnberg nach Bernried. *Di–So 10–18 Uhr | Am Hirschgarten 1 | Eintritt 8,50 Euro | www.buchheim museum.de*

FELDAFING [118 C2]

Es gibt gute Gründe dafür, den 6 km nördlich von Tutzing gelegenen Ort für den „feinsten" der Gegend zu halten. Zum einen das Traditionshotel *Kaiserin Elisabeth* mit Restaurant und Braustüberl *(70 Zi. | Tel. 08157/ 930 90 | Fax 930 91 33 | www.kaise rin-elisabeth.de | €€–€€€),* in dem die österreichische Monarchin 22 Sommer verbrachte, bevor sie 1898 einem Attentat zum Opfer fiel. Zum anderen liegt hier der schönste *18-Loch-Golfplatz* Deutschlands, der *Golf-Club Feldafing (Tutzinger Str. 15 | Tel. 08157/933 40 | Fax 93 34 99).*

Auch befindet sich hier die romantisch-verschwiegene ⭐ *Roseninsel,* auf der Bayerns König Maximilian II. 1860 eine Villa im pompejanischen Stil errichten ließ, und der junge Kronprinz Ludwig – in aller Ehrbarkeit! – sich mit seiner älteren Kusine Sisi traf. Archäologen konnten nachweisen, dass die Roseninsel schon vor gut 3000 Jahren bewohnt war. Ihren Namen hat sie allerdings aus der Zeit König Ludwigs II., der die Insel mit Rosenstöcken übersäen ließ, um seiner Kusine Sisi zu imponieren. Der *Fährmann Norbert Pohlus* rudert Sie mit seinem alten Holzkahn zur Insel. Am Anlegesteg am Ufer von Feldafing einfach die Glocke läuten, und der Fährmann kommt *(Tel. bis mittags 08157/ 99 83 09, mobil 0171/722 22 66).*

ILKAHÖHE 🌼 [118 C3]

Der Wanderweg von Tutzing hinauf führt durch grandiose Landschaft. Am Ziel eröffnet sich als Lohn ein herrlicher Blick auf den Starnberger See, die Voralpenlandschaft und die bayerischen Berge dahinter. Dazu gibt's süffiges Bier und Brotzeit im Biergarten oder ein feines Mittagessen mit Forellenfilet oder Hirschrücken im *Forsthaus Ilkahöhe (Mo/ Di geschl. | Tel. 08158/82 42 | €€).*

SEESHAUPT/OSTERSEEN [118 C3]

Der ruhige Erholungsort am Südende des Sees (11 km südlich von Tutzing) ist Wendepunkt für die Schifffahrt und profitiert von der Nähe zu den ⭐ *Osterseen.* Diese einzigartige moorige Naturlandschaft setzt sich aus 21 kleinen Seen und Weihern zusammen und ist größtenteils nur zu Fuß oder mit dem Fahrrad zugänglich. Die zum Naturschutzgebiet erklärte Seenplatte, Zuflucht seltener Tiere und Pflanzen, ist nach der letzten Eiszeit, also vor rund 10 000 Jahren, aus einem riesigen Eisblock entstanden.

> HOHE BERGE, BERÜHMTE ORTE

Das Werdenfelser Land, der Ammergau und der Pfaffenwinkel
bieten viel Natur- und Kulturgenuss

> Seit feststeht, dass Garmisch-Partenkirchen 2011 die Skiweltmeisterschaften austragen wird, geht durch das gesamte Werdenfelser Land ein Ruck. Die Wintersportanlagen und Skipisten werden auf den neuesten Stand gebracht, Freizeitangebote und Infrastruktur stark verbessert.

Alle 10 Jahre – so auch 2010 – steht der Ammergau ganz im Zeichen der Oberammergauer Passionsspiele. Wer Kunst im Graswangtal bis hin zu König Ludwigs Schloss Linderhof sucht oder ausgedehnte Wanderungen im größten alpinen Naturschutzgebiet Deutschlands plant, ist in den Jahren außerhalb der „Passion" in Oberammergau besser aufgehoben.

Weltberühmt für geniale Kirchenbauer und Stuckateure ist der Pfaffenwinkel im Westen Oberbayerns ganz nah an der schwäbischen Grenze, dessen hügelige Landschaft zu Fuß oder per Rad entdeckt werden will.

Bild: Grainau, Zugspitze

ZUGSPITZ REGION

GARMISCH-PARTEN-KIRCHEN

 **KARTE IN DER HINTEREN UMSCHLAGKLAPPE**

[118 B5–6] Der in seinem weitläufigen Talkessel immer mehr zusammenwachsende Doppelort weigert sich trotz seiner 30 000 Einwohner hartnäckig, Stadt zu

werden, „Marktgemeinde", meint man, klingt gemütlich und überschaubarer. Als Talort der Zugspitze – mit stolzen 2964 m Deutschlands höchster Gipfel – ist er zunächst berühmt geworden. Als Kontrast zu den zerfurchten Felsenmauern des Wettersteins stehen die sanfteren Hausberge im Norden, der Wank und der Kramer, der breite Fichtenwaldgürtel und die saftig grünen Wiesenmatten. Als spezielle Attraktionen nicht zu vergessen sind die wildromantischen Schluchten von Partnach- und Höllentalklamm, die idyllischen Bergseen und natürlich die zahlreichen Bergbahnen.

■ SEHENSWERTES

ALTSTADT VON GARMISCH

Den *Marienplatz* beherrscht die *Neue Pfarrkirche St. Martin,* erbaut 1730

ALTSTADT VON PARTENKIRCHEN

Die *Ludwigstraße* ist die alte Haupt- und Durchfahrtsstraße mit schönen Hausfassaden. Ein Abstecher lohnt die kleine *Wallfahrtskirche St. Anton* am Westhang des Wanks auf dem Kreuzweg, in der Sie ein bedeutendes Kuppelfresko (1739) von Johannes Holzer finden, das die Architektur illusionistisch bis in den Himmel führt.

Auch im Sommer ist der exklusive Skiort Garmisch-Partenkirchen einen Besuch wert

bis 1734 von dem Wessobrunner Joseph Schmuzer, ein bildschönes Exempel oberbayerischer Rokokobaukunst. Jenseits der Loisach, etwas abseits vom heutigen Zentrum, steht die *Alte Kirche St. Martin,* 1280 erbaut und mit bedeutenden gotischen Fresken ausgestattet, darunter eine ca. 7 m große Darstellung des hl. Christophorus. Von hier sollten Sie zur *Frühlingsstraße* gehen, Garmischs meistfotografiertes Dorfidyll.

■ ESSEN & TRINKEN

ZUM RASSEN

Eine bayerische Traditionsgaststätte, auch bei Einheimischen sehr beliebt, mit dem ältesten bayrischen Bauerntheater. *Tgl. geöffnet | Ludwigstr. 45 | Tel. 08821/20 89 | www.gasthofrassen.de | €€*

SCHATTEN 🔊

Im alteingesessenen Gasthof und Hotel *(20 Zi., 2 Suiten | €€–€€€)* sorgt der Küchenchef für frischen Wind in der oberbayerischen Traditions-küche – mit preisgekröntem Erfolg. *Mi geschl.* | *Sonnenbergstr. 10–12* | *Tel. 08821/943 08 90* | *www.hotel-schatten.de* | €€

EINKAUFEN

GRASEGGER

Das Geschäft für authentische Trach-tenmode. *Am Kurpark 8*

BERWEIN

Im Schuhhaus finden Sie zur Tracht den passenden Haferlschuh. *Bad-gasse 14*

AM ABEND

Klein, familiär und angesagt ist ▶▶ 🔊 *John's Club (Rathausplatz 7* | *Tel. 08821/24 00)* mit wechselndem Programm und Gast-DJs. Konzerte und Kurtheater-Aufführungen finden im *Kongresshaus* statt *(Eingang Parkstr.* | *Tel. 08821/768 00).*

ÜBERNACHTEN

POSTHOTEL PARTENKIRCHEN

Schönes altes, aber komfortables Haus mit Bauernzimmern, hinten ei-nem ruhigen Garten und einem emp-fehlenswerten Restaurant. *50 Zi.* | *Ludwigstr. 49* | *Tel. 08821/936 30* | *Fax 93 63 22 22* | *www.post-hotel-partenkirchen.de* | €€€

STAUDACHERHOF

Sympathisches Wellnesshotel ruhig, aber zentrumsnah. Thermen, Bäder, kleiner Garten, Vitalküche. *41 Zi.* | *Höllentalstr. 48* | *Tel. 08821/92 90* | *Fax 92 93 33* | *www.staudacherhof. de* | €€–€€€

FREIZEIT & SPORT

BERGBAHNEN

Die wichtigsten Bergbahnen: die nostalgische *Zahnradbahn ab Zug-spitzbahnhof,* die *Seilschwebebahn ab Eibsee* und die *Gipfelseilbahn* vom *Zugspitzplatt* zum *Zugspitzgip-*

MARCO POLO HIGHLIGHTS

⭐ **Zugspitze**
Viel Aussicht, viele Leute auf fast 3000 m Höhe (Seite 46)

⭐ **Mittenwald**
Der Obermarkt bietet das geschlossenste Straßenbild Oberbayerns (Seite 47)

⭐ **Freilichtmuseum Glentleiten**
Ein Ausflug in die Vergangenheit (Seite 50)

⭐ **Oberammergau**
Die dörfliche Ruhe zwischen den Passionsspielen hat ihren besonderen Reiz (Seite 50)

⭐ **Linderhof**
Ludwigs kleinstes „Märchenschloss" (Seite 53)

⭐ **Großer Gott von Altenstadt**
Eine romanische Kostbarkeit: Christus nicht als Leidender, sondern als Christ-könig am Kreuz (Seite 54)

⭐ **Hohenpeißenberg**
Ein überwältigendes Panorama (Seite 54)

⭐ **Wieskirche**
Die schönste Rokokokirche Oberbayerns (Seite 55)

fel, ferner *Osterfelder-, Hochalm-, Kreuzeck-* und *Wankbahn. Fahrpläne und Preise unter* www.zugspitze.de

WANDERN

Beliebt ist der halbstündige ☼ Spazierweg durch die *Partnachklamm.* Je nach Ausdauer geht's von der Tal-

eck und *Alpspitze.* Außerdem gut gespurte Langlaufloipen.

■ AUSKUNFT ■

GAP-TOURISMUS
Richard-Strauss-Platz 1a | Tel. 08821/18 07 00 | www.zugspitzregion.de

Einmal will jeder auf Deutschlands höchstem Berg, der Zugspitze, gewesen sein

station der Wankbahn bis zur Mittelstation oder gar auf den ☼ *Wank* (3 Std.) mit herrlicher Aussicht auf die Zugspitze. Wandertipps gibt's unter www.garmisch-partenkirchen.de.

WINTERSPORT

Garmisch-Partenkirchen ist Deutschlands Wintersportplatz Nr. 1. Alpinskilauf auf vier „Etagen", schneesicher auf dem Zugspitzplatt, mit Beschneiungshilfe an *Hausberg, Kreuz-*

■ ZIELE IN DER UMGEBUNG ■

HÖLLENTALKLAMM   [118 B6]
Von *Hammersbach* in 3 Std. durch die Schlucht zur *Höllentalangerhütte* und zurück; Variante über *Knappenhäuser* und *Kreuzeck* in 5 Std.

ZUGSPITZE ★ ☼   [118 A6]
Wegen der Aussicht vom Gipfel (2964 m): An klaren Tagen sind die *Hohen Tauern,* die Berge der Ostschweiz *(Säntis)* und die Kammlinie

des *Böhmerwalds* zu sehen. Empfehlenswert ist eine Rundfahrt mit Zahnrad- und Seilschwebebahn. Start auf der Westseite des Bahnhofs von Garmisch-Partenkirchen. *Auskunft: Bayerische Zugspitzbahn AG | Tel. 08821/79 70 | www.zugspitze.de*

MITTENWALD

[118 C6] ⭐ **Verkehrsberuhigt, liebevoll gepflegt und restauriert, stellt sich der historische Ortskern von Mittenwald (8000 Ew.) als herausragendes städtebauliches Kleinod dar.**

▇ SEHENSWERTES

ALTSTADT

Der schöne Kirchturm der *Pfarrkirche St. Peter und Paul* ist das Wahrzeichen von Mittenwald; die Kirche selbst ist ein Bau des Wessobrunners Joseph Schmuzer (1738–40). Auffallend sind die zahlreichen Hausfassaden mit Lüftlmalereien. Besondere Beachtung verdienen die Häuser *Goethestr. 23 (Schlipferhaus)*, *Gries 28/30* mit dem biblischen Gleichnis vom Splitter und vom Balken, *Obermarkt 1 (Gasthaus Alpenrose)*, *Obermarkt 2 (Goethehaus)*, *Obermarkt 4 (Pilgerhaus)* sowie *Obermarkt 24 (Neunerhaus)*. Die meisten Lüftlmalereien stammen von Franz Zwinck und Franz Karner (1737–1817).

GEIGENBAUMUSEUM

Im 2005 restaurierten und mit hochwertigen Instrumenten bestückten Geigenbaumuseum und in den teilweise öffentlich zugänglichen Werkstätten wird die hohe Handwerkskunst aus der Tradition des Matthias Klotz gezeigt, der im 17. Jh. bei den großen Meistern in Italien gelernt hatte. *Di–Fr 10–13, 15–18, Sa/So 10–13 Uhr | Ballenhausstr. 3 | Eintritt 2,50 Euro | www.geigenbau museum-mittenwald.de*

▇ ESSEN & TRINKEN

RESTAURANT ARNSPITZE

Ein nettes Lokal für Feinschmecker mit mediterraner wie bayerischer Küche. *Di/Mi geschl. | Innsbrucker Str. 68 | Tel. 08823/24 25 | €€*

▇ ÜBERNACHTEN

HOTEL LAUTERSEE

Einsam (wenn die Spaziergänger weg sind) in schönster Lage am gleichnamigen See zu Füßen des Wettersteins. Seezugang, Anfahrt auf Privatstraße. *16 Zi., 1 Suite, 1 Apartment | Am Lautersee 1 | Tel. 08823/ 10 17 | Fax 52 46 | www.hotel-lau tersee.de | €€*

SCHLOSS ELMAU

Das elegante Schlosshotel 12 km von Mittenwald verwöhnt mit zeitloser, dezenter Eleganz, einem wunderba-

>LOW BUDGET

> Gratis zur Skipiste: Die Zugspitzbahn bietet im Winter einen kostenlosen *Bus-Shuttle* im 20-Minuten-Takt von Garmisch-Partenkirchen zum Hausberg. Haltestellen sind Olympia-Eissportzentrum, Olympiastraße, Achenfeldstraße und Alpspitzstraße.

> Fahrrad & Bahn: Im Blauen Land, also um Murnau und in den Gemeinden um den Staffelsee, ist die Mitnahme von Fahrrädern in der Bahn kostenlos.

ren Spa, einem Gourmet-Restaurant und einem **ambitionierten Veranstaltungsprogramm** mit Lesungen und Konzerten. *130 Zi.* | *Elmau* | *Tel. 08823/180* | *Fax 181 77* | *www. schloss-elmau.de* | €€€

Insider Tipp

■ FREIZEIT & SPORT ■

Schwimmbad, Kunsteisstadion, Tennisplätze, Reiterhof. Alle Arten von Wintersportangeboten.

KARWENDELBAHN ☆

Bergstation 2244 m, unterhalb der Karwendelspitze. Berühmte Aussicht, Restaurant. Ausgangsort für den *Mittenwalder Klettersteig* und die 6,5 km lange, anspruchsvolle *Dammkarabfahrt. Alpenkorpsstr. 1* | *Tel. 08823/84 80* | *www.karwendel bahn.de*

■ AUSKUNFT ■

KURDIREKTION

Dammkarstr. 3 | *Tel. 08823/339 81* | *Fax 27 01* | *www.mittenwald.de*

■ ZIEL IN DER UMGEBUNG ■

JAGDSCHLOSS SCHACHEN　　[118 B6]

Das für Ludwig II. errichtete Schweizer Chalethaus, auch *Königshaus* genannt, steht auf dem 1866 m hohen Schachen und ist nur zu Fuß erreichbar *(von Mittenwald über die Elmau auf dem Königsweg oder, länger, über Lauter- und Ferchensee)*. Nicht weit vom Schloss liegt ein um 1900 angelegter *Alpengarten* mit rund 1500 verschiedenen Alpenpflanzen. *Juni–Anfang Okt., Führungen um 11, 13, 14 und 15 Uhr* | *Eintritt 4 Euro; Alpengarten Mitte Juni bis Anfang Sept. tgl. 8–17 Uhr* | *Eintritt 2 Euro*

MURNAU

[118 B4] Murnau (11 000 Ew.) ist heute noch fast das beschauliche Idyll, das von den „besseren" Sommerfrischlern um 1900 so geschätzt wurde. Ein unvergessliches Bild bietet die *Marktstraße* mit ihren farbenfrohen Giebelhäusern. Die Fußgängerzone zwi-

Murnau: Wie Zipfelmützen reihen sich die Heustadel in Reih und Glied vor der Gebirgskulisse

schen Untermarkt und Griesbräu wird mehrmals jährlich zur Kunstmeile. Für nostalgische Bahnfans fährt seit gut 100 Jahren die ==Lokalbahn Murnau–Oberammergau,== die erste elektrifizierte Bahn Deutschlands, am Moosrand entlang, eingerahmt vom einmaligen Gebirgspanorama.

Insider Tipp

SEHENSWERTES

GABRIELE-MÜNTER-HAUS

Erinnerungen an Gabriele Münter, Wassily Kandinsky, Franz Marc und andere Mitglieder der expressionistischen Künstlervereinigung „Blauer Reiter". Das Haus war 1909–14 Mittelpunkt dieses Kreises; viele berühmte Bilder stammen aus jener Zeit. *Di–So 14–17 Uhr | Eintritt 2,50 Euro*

SCHLOSSMUSEUM

Das Museum im ehemaligen Pflegschloss dokumentiert Murnaus Rolle als Heimat bedeutender Künstler, die sich von der Voralpenlandschaft, oberbayerischer Tradition und Volkskunst inspirieren ließen. *Di–So 10 bis 17 Uhr | Eintritt 3,50 Euro | www. schlossmuseum-murnau.de*

ESSEN & TRINKEN

GRIESBRÄU

Minierlebnisbrauerei. In der Wirtsstube wird u. a. köstliches dunkles Bier gebraut und ausgeschenkt. *Tgl. geöffnet | Obermarkt 37 | Tel. 08841/14 22 | www.griesbraeu.de*

SCHLOSSHOF 5 ▶▶

Kühl und modern sind die Gewölbe des Café-Restaurants, angenehm der Biergarten. Es gibt eine kleine Tages-

karte und leckere Kuchen. *Mo geschl. | Schlosshof 5 | Tel. 08841/ 622 12 | €–€€*

ÜBERNACHTEN

ALPENHOF MURNAU 🌿 📶

Am Rand des Murnauer Mooses bietet der Alpenhof Murnau neben erstklassiger Küche einen großen Wellnessbereich mit Pool, Sauna, Fitnessraum und Kosmetikstudio. Den herrlichen Blick auf Moos und Alpen erhalten Sie kostenlos dazu. *77 Zi. | Ramsachstr. 8 | Tel. 08841/49 10 | Fax 49 11 00 | www.alpenhof-murnau.com | €€€*

CAMPING-INSEL BUCHAU 🌿

Insider Tipp

Ein Campingidyll im Staffelsee, erreichbar nur per Boot und deshalb autofrei. 140 Dauerstellplätze und 80 verfügbare Plätze gibt es auf dieser überschaubaren Anlage. Unbedingt rechtzeitig reservieren! *Tel. 08841/ 95 70 | www.insel-buchau.de | €*

GALERIE & ART-HOTEL 🌿

Insider Tipp

Hoch über Murnau mit Fernblick und Skulpturengarten wohnen Sie hier in individuell gestalteten Zimmern, umgeben von der Kunst der Gastgeberin und verwöhnt vom kulinarischen Geschick des Hausherrn. Oder vielleicht buchen Sie gleich einen Kunstworkshop? *4 Zi. | Am Eichholz 21 | Tel. 08841/58 63 | Fax 62 54 51 | www. ameichholz.de | €€*

FREIZEIT & SPORT

Murnau ist idealer Standort für herrliche Wanderungen: durch das *Murnauer Moos,* auf den Spuren des „Blauen Reiters" (Infos beim Verkehrsamt, s. a. Kapitel „Ausflüge &

Touren") und um den *Staffelsee*. Der Staffelsee selbst bietet Gelegenheit für alle Arten von Wassersport einschließlich Segeln und Surfen.

■ AUSKUNFT ■

VERKEHRSAMT
Kohlgruber Str. 1 | Tel. 08841/614 11 | Fax 61 41 21 | www.murnau.de, www.blauesland.de
WLAN-Zugang finden Sie in Murnau lediglich bei 🔊 *McDonald's (Strassacker 3).*

■ ZIELE IN DER UMGEBUNG ■

FREILICHTMUSEUM GLENTLEITEN ⭐ **[118 C4]**
Alte Bauernhäuser, Arbeitsgeräte, Handwerksvorführungen und Sonderausstellungen vermitteln ein wirklichkeitsnahes Bild vom traditionellen Leben in Oberbayern. Wunderschöne Lage, 11 km westlich von Murnau, auch Gastwirtschaft. *April bis Okt. Di–So 9–18, Juli/Aug. tgl. 9–18 Uhr | Eintritt 5 Euro | www.glentleiten.de*

RAMSACHKIRCHERL **[118 B4]** Insider Tipp
Zum *Ramsachkircherl (Ähndl)* gelangen Sie in einem 15-minütigen Fußmarsch entlang der mit alten Eichen bestandenen Kottmüllerallee. Dies ist das älteste Kirchlein der Region, schon der hl. Bonifaz soll hier im 8. Jh. gewirkt haben. Das Ähndl birgt Glaskunst früherer Jahrhunderte und ist trefflicher Ausgangspunkt für Wanderungen in Deutschlands größtem Hochmoor, dem *Murnauer Moos*, wo die seltensten Orchideenarten wachsen – bitte nicht abpflücken! Nach einer Wanderung oder kulinarischen Durststrecke erwartet Sie neben der Kirche in der kleinen Gaststätte *Ähndl* ein „pfundiger" Wirt *(Do geschl. | Ramsach 2 | Tel. 08841/52 41 | €–€€).*

OBER-AMMERGAU

[118 B5] ⭐ **Südlich des Pfaffenwinkels** breitet sich das größtenteils unter Natur-

＞LÜFTLMALEREI
Bunte Häuser, alte Bilder

Bei dieser kunstvollen Freskotechnik der Wandmalerei wählten die Künstler früherer Jahrhunderte Motive von Heiligen, Tieren und Landschaften. Die illusionären Darstellungen wirkten oft dreidimensional. Besonders stark hüteten die Maler ihr Geheimnis der Farbmischung. Die auf dem nassen Putz aufgetragenen Farben verbanden sich beim Abbinden mit der Kalkschicht. Und so wirken sie auch jetzt, nach Jahrhunderten, noch leuchtend frisch. Das wohl bedeutendste Lüftlmalereihaus steht in Oberammergau in der Dorfstraße: das *Pilatushaus*. Weitere Häuser sind das *Geroldhaus (*am Lüftlmalereck) und *Mühlgraben 5* (Kleppergasse 5), alle aus dem 18. Jh. Da es in Oberbayern neben den Familiennamen in den Dörfern seit jeher viele Hausnamen gibt und der bekannteste Lüftlmaler, Franz Seraph Zwinck, im „Haus zum Lüftl" wohnte, wurde seine Kunstfertigkeit zur „Lüftlmalerei".

schutz gestellte Ammergebirge aus, die „Kinderstube" der jungen Ammer. Das Gebirge hat keine Gipfelprominenz zu bieten, bescheidet sich mit Höhen um die 2000 m und gilt immer noch als Geheimtipp für Wanderer, die dem alpinen Rummel entkommen

„Theater" war die Pestepidemie im Jahr 1633, die erst erlosch, als die Gemeindeoberen das Gelübde abgelegt hatten, alle zehn Jahre die Leidensgeschichte Christi (die Passion) aufzuführen. Das Versprechen ist getreulich gehalten worden.

Wie lebte und arbeitete man früher? Im Freilichtmuseum Glentleiten wird Geschichte lebendig

wollen. Doch im Tal unten konzentriert sich ein Trio weltberühmter Sehenswürdigkeiten: Oberammergau, Kloster Ettal und Schloss Linderhof.

Das Passionsspieldorf Oberammergau (5000 Ew.), Heimat der „Herrgottsschnitzer", gehört speziell bei Amerikanern zu den Top-Sehenswürdigkeiten Deutschlands. Zu den im Abstand von zehn Jahren veranstalteten Passionsspielen strömen Hunderttausende von Besuchern aus aller Welt. Anlass für das ganze

■ SEHENSWERTES ■

HEIMATMUSEUM

Ausstellung von Werken der Oberammergauer Schnitzkunst. Große alte Weihnachtskrippen, Hinterglasmalereien, aber auch moderne Holzbildhauerei. *Di–So 10–17 Uhr, Feb./ März geschl.* | *Dorfstr. 8* | *Eintritt 4 Euro* | *www.oberammergau.de*

PFARRKIRCHE ST. PETER UND PAUL

Von Joseph Schmuzer 1736–42 erbaut. Bemerkenswert sind die Gewölbe- und Kuppelfresken des Augsburger Malers Matthäus Günther, der als Virtuose illusionistischer Architekturmalerei gilt.

nicht nur mit scharfer Kost, sondern auch mit günstigen Happy-Hour-Cocktails. *Tgl. geöffnet | Daisenbergerstr. 3 | Tel. 08822/94 57 77 | €€*

Franz J. Zwincks Meisterwerk: das Pilatushaus mit seiner prächtigen Fassadenbemalung

PILATUSHAUS

1784 gelangen Franz Seraph Zwinck raffiniert gemalte Perspektiven, die dem Betrachter dreidimensionale Fassaden am Haus in der Ludwig-Thoma-Straße 10 vorgaukeln.

■ ESSEN & TRINKEN

Insider Tipp
ZUR TINI
Eine einfache, gemütliche Enklave mit bodenständiger Küche. *Mi geschl. | Dorfstr. 7 | Tel. 08822/71 52 | €*

EL PUENTE ▶▶
Texmex ist bei Oberammergaus Jugend beliebt, und das El Puente lockt

■ ÜBERNACHTEN

HOTEL ARNIKA
Alpenländisches Haus, Zimmer mit Balkon oder Terrasse. *32 Zi. | Ludwig-Lang-Str. 21 | Tel. 08822/91 10 | Fax 911 99 | www.hotel-arnika.net | €€€*

HOTEL BÖLD
Oase für Freizeitsportler (Tennis, Golf, Wandern). *54 Zi., 2 Suiten | König-Ludwig-Str. 10 | Tel. 08822/91 20 | www.hotelboeld.de | €€€*

■ EINKAUFEN

An Geschäften mit Holzschnitzereien ist in Oberammergau kein Mangel. Im *Pilatushaus* kann man den Schnitzern bei der Arbeit zuschauen.

▣ FREIZEIT & SPORT ▣▣▣▣▣

LABERBAHN ❀

Bergbahn auf den Aussichtsberg *Laber* (1684 m). Von hier aus haben Sie einen schönen Blick in die bayerische Bergwelt und ins Voralpenland. Im Winter schwierige Skiabfahrt, nur für sichere Läufer. *Betriebszeiten tgl. 9–17.30, Juli/Aug. 9–18, im Winter 9–16.30 Uhr | Tel. 08822/47 70 | www.laberbahn.de*

▣ AUSKUNFT ▣▣▣▣▣▣▣▣▣

VERKEHRSVERBAND

Eugen-Papst-Str. 9a | Tel. 08822/ 92 27 40 | Fax 92 27 45 | www.am mergauer-alpen.de

▣ ZIELE IN DER UMGEBUNG ▣

ETTAL   [118 B5]

Der Kuppelbau der Klosterkirche ist, auch für Laien sofort erkennbar, ein Unikum in Bayern. Schon die erste Kirche, 1370 geweiht, war ein zwölfeckiger gotischer Zentralbau. Im Zeitalter des Barocks ist die Kirche üppig barockisiert und die große Kuppel aufgesetzt worden *(Führungen durch Kirche, Kloster, Brauerei nach Anmeldung, Klosterpforte | Tel. 08822/740). Auskunft: Gemeinde Ettal | Tel. 08822/35 34 | www.ettal.de*

LINDERHOF ★   [118 A5]

Ludwig II., der „Märchenkönig", suchte die stillen, von der Welt abgeschiedenen Plätze in seinen Bergen. Auch Schloss Linderhof baute er in die totale Einsamkeit, wenn auch nur 10 km von Oberammergau und Ettal entfernt. Linderhof, in den Jahren 1869–79 nach dem Vorbild von Petit Trianon in Versailles erbaut, ist das kleinste und intimste unter den Schlössern Ludwigs II., das einzige, das zu seinen Lebzeiten fertig geworden ist, und das er wirklich genießen konnte. *Im Sommerhalbjahr tgl. 9.00–17.30, im Winterhalbjahr nur bis 16 Uhr | Auskunft Schlossverwaltung Tel. 08822/920 30*

NEUSCHWANSTEIN   [118 A5]

Der Abstecher ins Ostallgäu zu einem weiteren, 1869–86 im neuromantischen Stil erbauten Märchenschloss König Ludwigs II. lohnt! Der König hat das Schloss mit seinem mächtigen Torbau und dem prächtig ausgestatteten Palas nie fertig gesehen. Heutzutage besuchen es jährlich über eine Million Gäste. *April–Sept. 9–18, Okt.–März 10–17 Uhr | Eintritt 9 Euro (in der Hochsaison unbedingt online oder telefonisch Karten reservieren, sonst drohen lange Wartezeiten!) | www.neuschwanstein.de*

PFAFFEN-WINKEL

[118 A–B 3–4] Diese spezielle Landschaft zwischen Loisach und Lech im südwestlichen Eck von Oberbayern bezeichnet sich gern als „Land der Bauern, Künstler und Mönche". Dabei handelt sich nicht um einen amtlich definierten Bezirk: Der Name *Pfaffenwinkel* besagt nur, dass die Bewohner hier besonders fromm gewesen sein müssen (oder dafür gehalten worden sind), weil Kirchen und Kruzifixe dichter beieinanderstehen als in jeder anderen Region Deutschlands und sich darunter berühmte Wallfahrtskirchen wie die *Wies* oder *Mariä Himmelfahrt* in Hohenpeißenberg befinden.

Auskunft: Fremdenverkehrsverband Pfaffenwinkel | Bauerngasse 5, Schongau | Tel. 08861/77 73 | Fax 20 06 78 | www.pfaffen-winkel.de

■ ZIELE IM PFAFFENWINKEL ■

ALTENSTADT [118 A3]

Die *Pfarrkirche St. Michael* ist die einzige vollständig erhaltene romanische Gewölbebasilika Oberbayerns. Die wunderschöne, 3,20 m große Kreuzigungsgruppe aus dem 13. Jh. ist unter dem Namen ⭐ *Großer Gott von Altenstadt* bekannt geworden. Sehenswert sind auch die Fresken und der romanische Taufstein.

HOHENPEISSEN-BERG ⭐ [118 B3]

Die weithin sichtbare *Wallfahrtskirche Mariä Himmelfahrt* ist um 1620 erbaut worden und besitzt einen monumentalen barocken Hochaltar. Auf dem Kirchendach wurde 1772 die erste Bergwetterwarte eingerichtet. Juwel der Kirche ist die Gnadenkapelle in vollendetem Rokokodekor von 1747, ein Gesamtkunstwerk des bewährten Künstlerteams Franz Xaver Schmädl (Plastik), Matthäus Günther (Deckenfresken) und Joseph Schmuzer (Stuckaturen). Der 988 m hohe ❄ *Peißenberg* ist der berühmteste „Aussichtsbalkon" des bayerischen Voralpenlandes, deshalb auch „Bayerischer Rigi" genannt.

Insider Tip

ROTTENBUCH [118 A4]

Vom einstigen Kloster blieb die *Stiftskirche Mariä Geburt* erhalten, eine spätgotische Basilika von 1447, die im Rokoko (um 1740) von der unermüdlichen Wessobrunner Familie Schmuzer anmutig-festlich ausgestattet wurde. Die schönen Altarfiguren stammen von Franz Xaver Schmädl. *Auskunft: Tourist-Info | Klosterhof 42 | Tel. 08867/91 10 18 | www.rottenbuch.de*

Rokoko in Weiß und Gold: Die gotische Stiftskirche Rottenbuch wurde im 18. Jh. umgestaltet

WEILHEIM [118 B3]

Die Kreisstadt am Rand des Pfaffenwinkels (18 500 Ew.) profitierte im 17./18. Jh. spürbar von der anhaltenden Baukonjunktur, als deren Folge immer neue Kirchen mit kostbaren Ausstattungen entstanden. Viele gut verdienende Künstler und Handwerker investierten hier ihre Einnahmen in schöne Häuser, wie sie sich um den Marienplatz mit Mariensäule und Stadtbrunnen konzentrieren.

Das *Stadt- und Pfaffenwinkelmuseum* zeigt Kunst und Kunsthandwerk aus Weilheim und dem Pfaffenwinkel: künstlerisch ganz bedeutend ist Hans Leinbergers Schmerzensmann von 1526 *(Di–So 10–12 Uhr | Marienplatz | Eintritt 2 Euro). Auskunft: Stadtverwaltung | Admiral-Hipper-Str. 20 | Tel. 0881/68 21 36 | Fax 68 21 23 | www.weilheim.de*

WESSOBRUNN [118 B3]

Herzog Tassilo III. gründete 753 das *Benediktinerkloster,* das im frühen

Mittelalter zum bedeutenden Kulturzentrum wurde und heute nur noch in Teilen erhalten ist. Dafür gehören die *Wessobrunner Gebete* zu den ältesten deutschen Sprachdenkmälern; ein Gedenkstein erinnert an sie. Im 17./18. Jh. war die Wessobrunner Schule mit ihren überragenden Künstlerfamilien Schmuzer, Zimmermann, Feichtmair in Architektur, Plastik, Stuckatur und auch Freskenmalerei stilprägend im Kirchenbau vor allem Oberbayerns, aber auch weit darüber hinaus. In der Wessobrunner *Pfarrkirche* hängt ein ergreifender spätromanischer Kruzifixus an einem baumartigen Kreuz (1250).

WIESKIRCHE ★ [118 B4]

Ein schlichter Bildstock, das Gnadenbild des gegeißelten Heilands, in dessen Augen – so ist es überliefert – eine Bäuerin Tränen gesehen hatte, wurde zum Anlass einer Wallfahrt, die schnell solche Ausmaße annahm, dass der zuständige Abt von Steingaden eine Wallfahrtskirche zu bauen beschloss (1745). Er beauftragte die schon berühmten Brüder Zimmermann, Dominikus als Baumeister und Johann Baptist als Maler-Stuckateur, mit dem Bau und der Ausschmückung der Kirche „in der Wies". Entstanden ist, was längst als die bedeutendste deutsche Rokokokirche gilt und von der Unesco zum Welterbe ernannt wurde. Besonders hervorzuheben sind im Innern die geniale architektonische Verschmelzung von Langhaus und ovalem Kuppelraum und der unvergleich festliche Gesamteindruck der Kirche. *Tgl. geöffnet | Tel. 08862/29 30 | www.wieskirche.de*

> LANDSCHAFTLICHES FILETSTÜCK
Saftig grüne Hügel und blaue Seen
verschmelzen zu einem kleinen Paradies

> Der Raum Bad Tölz, Tegernsee und Schliersee ist Feriengebiet pur. Doch obwohl viele, viele Tausende alljährlich hier Urlaub machen, können Sie – nur wenige Kilometer von den Tourismuszentren entfernt – auch Wanderereinsamkeit in grüner, völlig intakter Natur finden.

Ein kleines Paradies, in dem Wallfahrten und Umzüge, wie die weithin bekannten *Leonhardiritte* in Bad Tölz und Kreuth, von lebendiger Volksfrömmigkeit zeugen, Blaska-

pellen bei Trachtenfesten aufspielen und stattliche „Mannsbilder" bei Gebirgsschützenumzügen an frühere kriegerische Auseinandersetzungen mit dem Nachbarn Tirol erinnern.

BAD TÖLZ
[119 D4] Von Bad Tölz aus wurde früher das traditionsreiche Tölzer Kunsthandwerk, besonders die schön bemalten Schränke („Tölzer Kästen") auf Isarflößen

Bild: Rottach-Egern am Tegernsee

RUND UM DEN TEGERNSEE

in alle Welt hinausgeschickt. Heute zeigt der Hauptort des Isarwinkels (Kreisstadt, 17 000 Ew.) zwei unterschiedliche Gesichter. Auf der einen Isarseite liegt die Bürgerstadt, die, aus einer Fischersiedlung hervorgegangen, sich um die Marktstraße konzentriert. Auf der anderen Isarseite breitet sich der neue Kurort aus. Dank rein und stark sprudelnden Jodquellen hat er sich zu einem Heilbad von europäischem Ruf entwickelt.

■ SEHENSWERTES ■

ALTSTADT

Von der *Isarbrücke* aus zieht sich die *Marktstraße* den Hang hinauf zum Ortsteil *Mühlfeld.* Mit ihren behäbigen, teils reich bemalten Giebelhäusern gehört sie zu den schönsten Straßenzügen Bayerns. Die meisten Häuser stammen aus dem 18. Jh. Zu den sehenswertesten gehören das *Höflingshaus,* das *Metzgerbräuhaus* und das *Sporerhaus.*

HEIMATMUSEUM

Auf fünf Etagen werden Trachten und Erzeugnisse der Tölzer Büchsenmacher, bemalte Möbel sowie bäuerliches Schnitzhandwerk gezeigt. *Altes Rathaus | Eintritt 2 Euro | www.badtoelz.de/heimatmuseum*

Marktstraße. Sie hat ein sehr schönes Netzgewölbe. Unter den Grabsteinen im Kircheninneren sticht der des Kaspar Winzerer in voller Rüstung besonders hervor; der 1542 Gestorbene war Rat und Statthalter des Herzogs („Pfleger") in Tölz.

Kunstvolle Lüftlmalereien finden sich an zahlreichen Hausfassaden in Bad Tölz

KALVARIENBERG ☼

Auf einer nördlichen Anhöhe steht am Ende eines Kreuzwegs (15 Min. von der Isarbrücke) die zweitürmige *Wallfahrtskirche* (1723–32). Von oben hat man einen weiten Blick auf die Berge des Isarwinkels und des Karwendelgebirges. Westlich schließt sich die *Leonhardskapelle* (1722) an.

STADTPFARRKIRCHE MARIÄ HIMMELFAHRT

Die spätgotische Hallenkirche, erbaut um 1460, steht bescheiden im Hintergrund des unteren Teils der

■ ESSEN & TRINKEN ■

ALTES FÄHRHAUS

Idyllischer Platz am Isarufer, 3 km von der Altstadt entfernt. Ambitionierte Küche. Auch 5 Zimmer mit Blick zur Isar. *Mo/Di geschl. | An der Isarlust 1 | Tel. 08041/60 30 | http://keiler.info/faehrhaus | €€€*

MOARWIRT ☼

Insider Tipp

Im Biergarten erhalten Sie gute, bodenständige Gerichte und sitzen wie auf einem riesigen Aussichtsbalkon. *Im Sommer tgl. | Hechenberg, 10 km nördl. von Tölz | Tel. 08027/10 08 | €€*

UND UM DEN TEGERNSEE

■ AM ABEND

PAPA'S KESSELHAUS ▶▶

Tölzer Szene-Institution, bestehend aus Pub, Bar und kleiner Bühne. Programm und Termine unter *www. kesselhaus-madhouse.de*. *Krankenhausstr. 37 | Tel. 08041/80 25 26*

■ ÜBERNACHTEN

LANDHAUS TROST 🔊

Sehr individuell eingerichtete und persönlich geführte Pension mit Rosengarten. *6 Zi. | Buchener Str. 19 | Tel. 08041/79 28 90 | Fax 792 89 10 | www.landhaus-trost.com | €€*

■ FREIZEIT & SPORT

ALPAMARE

Erlebnisbad mit Thermalhallenbad, Thermalsprudelfreibad und Brandungswellenbad. *Tgl. 8–21 Uhr | Ludwigstr. 13 | www.alpamare.de*

FREIZEITZENTRUM BLOMBERGBAHN

Die Bergbahn führt auf den Hausberg der Tölzer, den Blomberg (1203 m).

Oben erwarten Sie ein Wandergebiet mit Kunstwanderweg, eine Sommerrodelbahn, eine 5 km lange Naturrodelbahn und Pisten für den Abfahrtsskilauf. *Im Sommer tgl. 9–18, im Winter tgl. 9–16 sowie 19–22 Uhr | direkt an der B 472 | Tel. 08041/37 26 | www.blombergbahn.de*

■ AUSKUNFT

TOURIST-INFORMATION

Ludwigstr. 11 | Tel. 08041/786 70 | Fax 78 67 56 | www.bad-toelz.de

■ ZIEL IN DER UMGEBUNG

KLOSTER REUTBERG ★ ☘ [119 D3]

Das Franziskanerinnenkloster liegt herrlich vor den Bergen nahe des Kirchsees 10 km nördlich von Bad Tölz. Die Kirche stammt von 1735, im Kloster befindet sich die älteste Apotheke Deutschlands. Beliebt ist der ☘ Biergarten mit alten Kastanien, einfacher Brotzeit, Bier aus der Klosterbrauerei und Ausblick *(Tel. 08021/86 86 | €)*.

MARCO POLO HIGHLIGHTS

★ **Kloster Reutberg**
Kirche mit Blick, Biergarten mit Brotzeit (Seite 59)

★ **Franz-Marc-Museum**
Große expressionistische Kunst wird in Kochel am See präsentiert (Seite 60)

★ **Herzogstand–Heimgarten**
Die schönste Gratwanderung im oberbayerischen Süden (Seite 61)

★ **Walchensee-Kraftwerk**
Auch für Laien ist die technische Meisterleistung interessant (Seite 62)

★ **Schlierseer Bauerntheater**
Lassen Sie sich bestes Theater vormachen, nicht nur von Bauern (Seite 65)

★ **Herzogliches Bräustüberl**
Unter hallenden Gewölben die beliebteste Bierquelle am Tegernsee (Seite 66)

★ **Zahnradbahn auf den Wendelstein**
Ein Erlebnis: die historische Zahnradbahn (Seite 68)

★ **Ritterspiele**
Jeden Sommer wieder ein starkes Erlebnis in Kiefersfelden (Seite 69)

KOCHEL AM SEE

[118 C4] **Der freundliche Luftkurort (5000 Ew.) am Nordostufer des Kochelsees hat eine schöne Zwiebelturmkirche,**

dem Kocheler Friedhof begraben. Über hundert Werke aus seinem Nachlass und anderer Mitglieder der „Blauen Reiter" werden gezeigt.

Im 2008 eröffneten Neubau nebenan hat die *Sammlung Stangl* (Kunst des 20. Jhs.) eine Heimat ge-

Meist waren es Tiere, die Franz Marc zu seinen expressionistischen Bildern inspirierten

St. Michael geweiht, vom Ende des 17. Jhs. Interessanter werden die meisten Besucher das Denkmal für den „Schmied von Kochel" finden. Es erinnert an den tapferen Balthes, der 1705 beim blutigen Kampf in der „Sendlinger Mordweihnacht" gegen die Österreicher als Letzter die bayerische Fahne hochhielt.

■ SEHENSWERTES

FRANZ-MARC-MUSEUM ★

Der in München geborene, expressionistische Maler hat zeitweise in Ried bei Kochel gelebt und ist auf

funden. *März–Mitte Jan. Di–So 14 bis 18 Uhr | Herzogstandweg 43 | Eintritt 4 Euro | www.franz-marc-museum.de*

KOCHELSEE

Die weiten Sumpfgebiete im Norden lassen erkennen, dass der heute 6 km² große *Kochelsee* nach der Eiszeit viel größer war. Außer an den Badeplätzen auf der Ostseite sind seine Ufer schwer zugänglich. *Juni bis Sept. tgl. vier Schiffsrundfahrten | Dauer 75 Min. | Auskunft: Tel. 08851/338 | www.motorschiffahrt-kochelsee.de*

ESSEN & TRINKEN

ZUM BLAUEN REITER

Das Café-Restaurant des Franz-Marc-Museums ist mit seiner schönen Terrasse ein herrlicher Ort zum Genießen und Entspannen. *Öffnungszeiten wie Museum | Franz-Marc-Park 8 | Tel. 08851/92 38 33*

ÜBERNACHTEN

SEEHOTEL GRAUER BÄR ✨

Ein etwa 1 km südlich des Ortszentrums an der Kesselbergstraße gelegenes Haus mit schönem Blick auf See und Berge. *28 Zi. | Mittenwalder Str. 82 | Tel. 08851/925 00 | Fax 92 50 15 | www.grauer-baer.de | €€*

FREIZEIT & SPORT

Die Gratwanderung ⭐ ✨ *Herzogstand–Heimgarten* mit Abstieg nach Walchensee ist nur schwindelfreien und ausdauernden Bergwanderern mit guter Kondition zu empfehlen. Diese werden jedoch mit sensationellen Weitblicken in Richtung Österreichische Alpen, Starnberger See, Ammer-, Kochel- und Walchensee belohnt. Auf der anderen Seite des Kesselbergsattels ist der *Jochberg* (1567 m) ebenfalls ein beliebtes Bergwanderziel (2,5 Std.).

AUSKUNFT

TOURIST INFO

Kalmbachstr. 11 | Tel. 08851/338 | Fax 55 88 | www.kochel.de

ZIELE IN DER UMGEBUNG

BENEDIKTBEUERN [118 C4]

Das rund 8 km nördlich gelegene, 739 gegründete Kloster war eine der ältesten und bedeutendsten Benediktinerabteien des Landes. Hier entstanden die „Carmina Burana", die größte mittelalterliche Liedersammlung. Die heutige Klosteranlage stammt im Wesentlichen aus der 2. Hälfte des 17. Jhs. Hervorzuheben sind die Festsäle in Konvent- und Prälatenbau, die frühbarocke *Klosterkirche St. Benedikt* (1680–83) und das lichtdurchflutete Oval der *Anastasiakapelle,* ein Rokokokleinod von Johann Michael Fischer, erbaut 1751–58.

Im ehemaligen Waschhaus des Klosters ist die *Historische Fraunhofer Glashütte* mit zwei originalen Hafenschmelzöfen zu besichtigen *(tgl. 9–17 Uhr | Don-Bosco-Str. 1 | Eintritt frei).* Regelmäßig finden im Kloster Konzerte sowie kulturgeschichtliche Ausstellungen statt. *Auskunft und Veranstaltungsplan: Tel. 08857/880 | www.kloster-benediktbeuern.de*

HERZOGSTAND [118 C5]

Beliebt ist die ✨ *Herzogstandbahn,* die vom Ort Walchensee aus hinauf zum *Fahrenbergkopf* (1627 m) führt *(tgl. 9–16.45 Uhr | Tel. 08858/236).* Von dort können Sie zum *Herzogstandgipfel* (1731 m) gehen; vom Kesselbergsattel aus gibt es einen Reitweg.

KESSELBERGSTRASSE [118 C4–5]

Die beiden Seen sind untereinander durch die 6 km lange Kesselbergstraße verbunden. Sie führt über 36 Kurven von *Kochel* (610 m) nach *Urfeld* (802 m). Oberhalb von Urfeld erinnert ein Denkmal an Johann Wolfgang von Goethe, der hier 1786 am Anfang seiner „italienischen Reise" den Blick über den See und auf die Berge genoss.

WALCHENSEE [118 C5]

Der Walchensee ist der größte und mit 192 m auch tiefste Bergsee in Deutschland. In seinem kalten, klaren Wasser spiegeln sich die Berge ringsum. Das Dorf *Walchensee* am Westufer ist ein Erholungsort mit einigen Badeplätzen, Boots- und Surfbrettverleih. *Auskunft: Tourist Info | Ringstr. 1 | Tel. 08858/411 | Fax 275 | www.walchensee.net*

Das 1918–24 erbaute ⭐ *Walchensee-Kraftwerk,* das die 200 m Gefälle zwischen Walchen- und Kochelsee nutzt, um bis zu 120 MW Strom zu produzieren, ist noch heute eine Meisterleistung technischer Baukunst *(Infozentrum tgl. 9–17 Uhr | Altjoch 21 | Tel. 08851/72 11).*

ROTTACH-EGERN

[119 E4] **Der Doppelort (4000 Ew.) am Südende des Tegernsees gilt als Spielwiese der Münchner Promi- und Bussi-Gesellschaft – unbestritten hat er das größte Angebot an Nobelläden.** Trotz des Rufs, teuer zu sein, ist Rottach-Egern ein beliebtes Ziel für Urlauber, die Trubel und Unterhaltung schätzen.

■ SEHENSWERTES ■

PFARRKIRCHE ST. LAURENTIUS

Die spätgotische Pfarrkirche mit einem prachtvollen barocken Hochaltar (1690) ragt spitztürmig am Seeufer auf. Umgeben wird sie von einem berühmten Friedhof, auf dem auch die Schriftsteller Ludwig Thoma und Ludwig Ganghofer, der Sänger Leo Slezak und der Maler Olaf Gulbransson begraben sind.

■ ESSEN & TRINKEN ■

EGERN 51

Bar/Bistro mit Köstlichkeiten vom Holzkohlengrill direkt am Tegernsee. *Di geschl. | Seestr. 51 | Tel. 08022/ 66 02 57 | €–€€*

HUBERTUSSTÜBERL

Im *Parkhotel Egerner Hof.* Die bayerisch-bürgerliche Variante zum Gourmetlokal *Dichterstub'n* ist im selben Haus. *Tgl. geöffnet | Aribostr. 19–25 | Tel. 08022/66 60 | €€€*

KIRSCHNER STUBEN

Das Restaurant des Gästehauses setzt auf bayerische wie mediterrane Gerichte auf hohem Küchenniveau. *Mi geschl. | Seestr. 23 a | Tel. 08022/ 27 39 39 | €€*

WEISSACHALM

Insi. Ti.

Alm mit typischen holzgetäfelten Räumen und einer traumhaften Terrasse. Mitten im Wander- und Radlparadies „Bavarica Tyrolensis" zwischen Rottach-Egern und Wildbad Kreuth gelegen. Feine regionale Küche zu fairen Preisen. *Mo/Di geschl. | Tel. 08029/335 | €*

■ EINKAUFEN ■

In den Geschäften und Boutiquen an der *Hauptstraße* sowie an der *Seestraße von Rottach-Egern* ist die Auswahl an Nobelprodukten in den eleganten Geschäften fast so groß wie in München.

TRACHTENMODE

Traditionsbewusste lassen bei *Fanny Probst* nähen *(Nördliche Hauptstr. 24).* Aktuelle Trachtenkollektionen führt gleich nebenan *Trachten Greif.*

BACHMAIRS NIGHTCLUB

Nightclub im Hotel Bachmair am See. Bands und Gastspiele. *Seestr. 47 | Tel. 08022/27 20*

MONTE LAGO ▶▶

Die Nummer eins im Nachtleben am See. Seit April 2009 erstrahlt das hausstil. Großer Wellnessbereich, Innen- und Außenschwimmbad. *188 Zi. | Überfahrtstr. 10 | Tel. 08022/ 66 90 | Fax 669 10 00 | www.see hotel-ueberfahrt.com | €€€*

GÄSTEHAUS MAIER/ZUM KIRSCHNER

Schönste Lage am Seeufer. *31 Zi. | Seestr. 23 | Tel 08022/671 10 | Fax*

Auf dem Friedhof von St. Laurentius entdeckt man auch bekannte Namen wie Ludwig Thoma

frühere „Cactus" in neuem Glanz. Auch tagsüber geöffnet, dann gibt's Pizzen und Potatoes. Abends oft Livekonzerte. *Nördliche Hauptstr. 18 | Tel. 08022/654 37*

■ ÜBERNACHTEN ■

DORINT SEEHOTEL ÜBERFAHRT

Großzügig gebautes Haus mit geräumigen Zimmern im eleganten Land-

67 11 37 | www.hotel-maier-kirsch ner.de | €€

GÄSTEHAUS REIFFENSTUEL

Direkt am See und in einem großen Garten gelegen bietet das Haus ein gutes Preis-Leistungs-Verhältnis und aufmerksamen Service. *18 Zi. | Seestr. 67–69 | Tel. 08022/92 73 50 | Fax 927 35 50 | www.reiffenstuel.de | €€*

PARKHOTEL EGERNER HÖFE 🔊

Nobles Haus mit Park, Beautyfarm, Sauna, Pool und drei Restaurants. Modern und stilvoll sind die Suiten im neuen Flügel eingerichtet. Landhauskitsch sucht man hier vergebens. *94 Zi. | Aribostr. 19–21 | Tel. 08022/66 60 | Fax 66 62 00 | www. egernerhof.de | €€€*

Insider Tipp

■ FREIZEIT & SPORT

Alle modernen Einrichtungen eines heilklimatischen Kurorts stehen zur Verfügung. Öffentliches Strandbad mit beheiztem Großschwimmbecken. Tennisplätze, Reitställe.

WALLBERGBAHN ❊

Vom Ortsteil Obernach kann man mit der Kleinkabinenbahn zum 1620 m

>LOW BUDGET

> Im *Gästehaus Kiefersauer* wohnen Sie idyllisch direkt am Kochelsee mit eigenem Strand – und das für 50 Euro im DZ, allerdings mit Etagendusche. *3 Zi. | Altlach 59, 83676 Jachenau | Tel. 08858/92 90 90 | kiefersauer.altlach@t-online.de*

> Die Gästekarte des Kuramts gilt als Freifahrschein auf ca. 400 km Busstrecken rund um den Tegernsee.

> Sparen Sie mit dem Familienticket für die *Große Rundfahrt* auf dem Tegernsee. Zwei Erwachsene und bis zu drei eigene Kinder kosten 30 Euro.

> Die Gemeinde Schliersee bietet ein umfangreiches *Aktivprogramm* von Nordic Walking bis zum Basteln von Wachsengeln. Besitzer der Gästekarte können es kostenlos nutzen oder bekommen Ermäßigung.

hohen *Wallberghaus* (Restaurant) fahren und gute Wanderungen unternehmen. Vom nahen *Wallberggipfel* haben Sie einen herrlichen Blick über den See, an klaren Tagen bis nach München. *Sommerbetrieb tgl. 8.45–17, Winterbetrieb tgl. 8.45 bis 16.30 Uhr | www.wallbergbahn.de*

■ AUSKUNFT

KURAMT 🔊

Im Rathaus | Nördliche Hauptstr. 9 | Tel. 08022/67 13 41 | Fax 67 13 41 | www.rottach-egern.de

SCHLIERSEE

[119 E4] Der von bewaldeten Bergen umgebene Schliersee gilt als ländliches Pendant zum mondänen Tegernsee. Der Markt *Schliersee* (6000 Ew.) am Nordufer des Sees ist aus einem 1141 gegründeten *Augustinerchorherrenstift* hervorgegangen und hat sich zu einem liebenswürdigen Kurort entwickelt. Den schönsten Blick auf Ort, See und Umgebung gibt's von der ❊ *Schliersbergalm* (1061 m, mit Gondelbahn). Oben warten Hotel, Restaurant – und für den Rückweg eine Sommerrodelbahn. Schliersee besitzt auch eine moderne *Vitalwelt* mit Salzwasser-Außenbecken, diversen Saunen und Grotten, Fitnessprogramm, Therapie und Restaurant *(tgl. 10–20 Uhr, Sauna etwas länger | Perfallstr. 4 | Tel. 08026/ 92 09 00 | www.monte-mare.de).*

■ SEHENSWERTES

ALT-SCHLIERSEE

Im Ortsbild fallen das spätgotische *Schrödelhaus* auf (Heimatmuseum), das schönste Haus von Alt-Schlier-

Traumhafter Blick auf den Tegernsee: Hoch hinauf geht's mit der Wallbergbahn

see, das *Rathaus* (15. Jh.) und das originelle ⭐ *Schlierseer Bauerntheater* aus dem Jahr 1892, das sich heute durch Neuinszenierungen gehaltvoller oberbayerischer Geschichtsthemen auszeichnet *(Tickets bei Schreibwaren Huber | Lautererstr. 10 | Tel. 08026/47 07).*

PFARRKIRCHE ST. SIXTUS

Die romanische Stiftskirche (12. Jh.) ist nach 1712 in festlichem Rokoko umgestaltet worden. Stuck und Fresken sind Frühwerke von Johann Baptist Zimmermann. Der geschnitzte Gnadenstuhl soll von Erasmus Grasser sein (um 1500), die gemalte Schutzmantelmadonna von Jan Polack (vermutlich 1495).

■ EINKAUFEN

DESTILLERIE LANTENHAMMER

Feinste Obstbrände, Marmeladen – und bayerischer Whisky! Die Besichtigung der Whisky-Destillerie mit Verkostung kann individuell vereinbart werden. *Urtlbachstr. 1a | Tel. 08026/ 924 80 | www.lantenhammer.de*

■ AUSKUNFT

GÄSTEINFORMATION SCHLIERSEE

Perfallstr. 4 | Tel. 08026/606 50 | Fax 60 65 20 | www.schliersee.de

■ ZIEL IN DER UMGEBUNG

SPITZINGSEE   [119 E–F4]

Über die Ortsteile Fischhausen und Neuhaus sowie die Spitzingstraße erreicht man nach 11 km den Spitzingsee, ein Ganzjahresrevier: Im Sommer und Herbst kann man hier herrlich wandern, im Winter und Frühjahr Ski fahren. Der See selbst ist zum Baden zu kalt, wurde jedoch neuerdings von den Surfern entdeckt. Die bekanntesten Gipfel ringsum sind *Stümpfling, Bodenschneid, Taubenstein* und *Rotwand,* mit 1884 m der höchste von allen.

Urig und urgemütlich sind die Zimmer in der 🛜 *Alten Wurzhütte* am See, das Essen deftig-bayerisch und gut, und in der Gaststube gibt's WLAN kostenlos *(34 Zi. | Roßkopfweg 1 | Spitzingsee | Tel. 08026/ 606 80 | Fax 606 81 00 | www.altewurzhuette.de | €–€€).*

TEGERNSEE

[119 E4] Der nur 6 km lange, bis zu 2 km breite Tegernsee rühmt sich, neben dem Königssee Oberbayerns schönster See zu sein – mit der Folge, dass Prominenz, aber auch Politprofiteure und Abschreibungsmillionäre sich hier ansiedelten und Luxushotels aus dem Boden schossen. Die Ufer sind nur an wenigen Stellen frei zugänglich. Daher ist eine Fahrt mit einem der kleinen weißen Motorboote, die die vier Hauptorte am See miteinander verbinden, zu empfehlen *(Bayerische Schifffahrt Tegernsee | Seestr. 70 | Tel. 08022/86 55 46).*

■ SEHENSWERTES ■

SCHLOSS UND KLOSTER ST. QUIRIN

Von dem im Jahr 746 im Ort Tegernsee gegründeten *Benediktinerkloster* ist nicht viel erhalten geblieben. Nur die einstige *Klosterkirche St. Quirin*

und das aus dem Kloster hervorgegangene frühere *Schloss* der Herzöge von Bayern, in dem heute ein Gymnasium mit Internat, das *Heimatmuseum* und das *Herzogliche Braustüberl* untergebracht sind, stehen noch.

■ ESSEN & TRINKEN ■

BISCHOFF AM SEE ✻

Elegantes Gourmetrestaurant direkt am See mit sehr guter Küche. Ein Lokal für besondere Anlässe. *Tgl. 12–14 und 18–22 Uhr | Schwaighofstr. 53 | Tel. 08022/39 66 | www.bischoff-am-see.de | €€€*

Insider Tipp

HERZOGLICHES BRÄUSTÜBERL ⭐

Unter alten, hallenden Gewölben die berühmteste Bierschänke weit und breit, bei Bayern und Preußen gleichermaßen beliebt. Schau'n Sie doch mal rein! *Tgl. geöffnet | Schlossplatz 1 | Tel. 08022/41 41 | €€*

> BLOGS & PODCASTS
Gute Tagebücher und Files im Internet

> www.der-bayern-blog.de – Theoretisch beschäftigt sich dieser Blog mit ganz Bayern, praktisch sind die Oberbayern mit Themen wie „Gerhard Polt", „Kini" (Ludwig II.) oder aktuellem Obazda-Rezept in erdrückender Überzahl.

> www.br-online.de – Ebenfalls gesamtbayerisch, dafür aber mit Podcasts so volksnaher Sendungen wie „Mittendrin Joa" (Reporter Norbert Joa an den Brennpunkten bayerischer Befindlichkeit) und „Mit Frühbeis zu Berge" (Notizen aus den bayerischen

Alpen). Außerdem Podcasts zu vielen weiteren Themen bevorzugt unter der Rubrik Bayern 2

> www.deinsee.de – Blog aus dem Fünf-Seen-Land mit aktuellen Themen aus Politik, Kultur und Sport

> www.wasserburger-blog.de – Alles Wissens- und Diskussionswerte aus Wasserburg

> www.hoehenrausch.de – Blog mit Tourentipps (Wandern, Klettern, Schneeschuh), Wetterinfo, Partnerbörse und vieles mehr für den Bereich der Ostalpen

Für den Inhalt der Blogs & Podcasts übernimmt die MARCO POLO Redaktion keine Verantwortung.

■ ÜBERNACHTEN

HOTEL FACKLER

Im oberen Ortsteil, schöne Lage, Zimmer teilweise mit Seeblick. *25 Zi. | Karl-Stieler-Str. 14 | Tel.*

■ ZIELE UM DEN SEE

BAD WIESSEE [119 E4]

Seit um 1900 ergiebige Jod- und Schwefelquellen entdeckt wurden, macht das Bauerndorf am Westufer

Von Weitem idyllisch-dörflich, von Nahem mondän – der Tegernsee gilt als noble Ferienregion

08022/917 60 | Fax 91 76 15 | www. hotel-fackler.de | €€

■ FREIZEIT & SPORT

Schönster Badeplatz ist die kleine Halbinsel *Point* im Süden, vom Ortszentrum in zehn Minuten zu Fuß zu erlaufen. Eine grandiose Aussicht über die Egerner Bucht und das Kreuther Tal bietet der  *Große Paraplui* 100 m über dem Ort.

■ AUSKUNFT

KURAMT/HAUS DES GASTES

Hauptstr. 2 | Tel. 08022/18 01 40 | Fax 37 58 | www.tegernsee.de

als Kurbad Karriere. *Auskunft: Kuramt, Adrian-Stoop-Str. 20 | Tel. 08022/860 30 | Fax 86 03 30 | www.bad-wiessee.de*

GMUND  [119 E4]

Am Nordende des Sees gelegen, bietet Gmund den schönsten Blick über den See und die Berge dahinter. Die *Pfarrkirche St. Ägidius* gehört zu den weniger bekannten Kostbarkeiten. Der Barockbau aus dem späten 17. Jh. birgt ein Dreikönigsrelief von 1520 und ein Holzrelief des barmherzigen Samariters (1763) von Ignaz Günther.

NEUREUT ❄ [119 E4]

Eine Wanderung auf Tegernsees „Hausberg", die Neureut (1264 m), wo Sie auch ein Wirtshaus erwartet, sollten Sie nicht versäumen.

WENDEL-STEINGEBIET

[119 F4] ❄ **Eindrucksvoll ragt der felsengraue Charakterkopf des Wendelsteins ins Voralpenland hinein.** Seine exponierte Lage in 1838 m Höhe mit prächtiger Fernsicht hat ihm zahlreiche technische Anlagen eingebracht, so ein Sonnenobservatorium, eine Wetterwarte, eine Rundfunkstation und eine Fernsehantenne.

Verglichen damit stellen *Wendelsteinhaus* (erbaut 1883) und *Wendelsteinkapelle* (1889) altehrwürdige Einrichtungen dar. Oben finden Interessierte einen *Geopark* mit vier Lehrpfaden, die die Entstehung der Alpen erläutern und anschaulich erklären, dass der Wendelstein früher vor der Nordküste Afrikas lag. Ein Event für Hobbyastronomen ist die jährlich stattfindende ▶▶ *Astro-Nacht:* Die Münchner Universitätssternwarte projiziert auf der Wendelsteinbergterrasse (1724 m) unter anderem Livebilder vom Mond auf eine Großleinwand. Untermalt von Sphärenmusik machen Astrophysiker die komplexen Zusammenhänge verständlich *(www.wendelstein-observatorium.de).*

Von *Brannenburg* aus rattert seit 1912 die *nostalgische* ⭐ *Zahnradbahn auf den Wendelstein* hinauf *(Fahrzeit 25 Min.).* Die *Großkabinenbahn* auf der Südseite braucht nur 6 Minuten, ist aber als Alternative zu verstehen, nicht als Konkurrenz. Übrigens: Man kann den Wendelstein immer noch zu Fuß besteigen!

Insi Tip

Deutschlands höchstgelegene Kirche mit Blick auf das Kaisergebirge: die Wendelsteinkapelle

◼ ZIELE IN DER UMGEBUNG ◼

BAYRISCHZELL [119 F4]

Es gibt gute Gründe dafür, Bayrischzell am Fuß des Wendelsteins als Oberbayerns schönstes Bilderbuchdorf zu bezeichnen. Im Mittelpunkt steht, alles überragend, der spitze, spätgotische Kirchturm der *Pfarrkirche St. Margaretha,* um die sich die Häuser des Dorfes scharen wie die Küken um die Glucke.

In diesem Idyll nun kocht ein wahrer Meister seines Fachs in der *Alpenstube* des *Hotels Alpenhof* Delikates wie Ente in Balsamico oder Milchlammkeule in Kräuterjus *(So/Mo geschl. | Osterhofen 1 | Tel. 08023/906 50 | www.der-alpenhof. com | €€€).* Auf knapp 1000 Höhenmetern bietet der ☀ *Berggasthof Sigl* „Schmankerln" aus der Region *(€).* Weit reicht der Blick von der Westflanke des Wendelsteins ins Tal Richtung Schliersee. *Auskunft: Kur-verwaltung | Kirchplatz 2 | Tel. 08023/648 | Fax 10 34 | www.bayrischzell.de*

FISCHBACHAU/BIRKENSTEIN [120 A4]

Das malerische Dorf *Fischbachau* im Leitzachtal sticht durch seine alten Bauernhöfe und seine Lüftlmalereien ins Auge. Die als Kirche eines Benediktinerklosters errichtete *Pfarrkirche St. Martin,* ein ursprünglich romanischer Bau aus der Zeit um 1100, erhielt im 18. Jh. eine wunderschöne Spätbarock- und Rokokoausstattung.

Interessant ist auch die historische *Gebirgsmühle* in Birkenstein. Ein Bergbauer hat vor 70 Jahren ein Mini-Technikmuseum errichtet. In der Gebirgsmühle mit funktionsfähigen Figuren wird die Leinölgewinnung früherer Jahrhunderte gezeigt *(Mai–20. Okt. Sa–Do, gegenüber vom Gasthof Oberwirt in Birkenstein). Auskunft: Tourismusbüro | Kirchplatz 10, Fischbachau | Tel. 08028/876 | Fax 90 66 43 | www. fischbachau.de*

KIEFERSFELDEN [119 F5]

Das Dorf an der Grenze ist durch seine bäuerlichen ★ *Ritterspiele* berühmt geworden, die seit 1618 auf einer historischen Bühne aufgeführt werden und heute Attraktion für alle Theaterfreunde sind. Gespielt wird im Juli und September. *Auskunft: Verkehrsamt | Tel. 08033/97 65 27 | Fax 97 65 44 | www.kiefersfelden.de*

SUDELFELD [119 F4]

Bis zu 1500 m hohes Ausflugsziel für Spaziergänger und Bergwanderer. Im Winter beliebtes Wintersportgebiet der Münchener. *www.sudelfeld.de*

> AM BAYERISCHEN MEER

Der Chiemsee mit seinen berühmten Inseln ist das Zentrum einer Bilderbuchlandschaft

> **Bayerns größter See, der Chiemsee, heißt im Volksmund „Bayerisches Meer". Mit Herren- und Fraueninsel, mit viel besuchtem Königsschloss und Benediktinerinnenkloster ist der Chiemsee auch ein großer Anziehungspunkt für Freunde von Kunst und Kultur.**

Hier malen schroffe Felsriesen, der ruhige, oft grün schimmernde See und die sanft hügelige Voralpenlandschaft ein unvergessliches Naturbild. Menschen aus nah und fern treffen sich bei den internationalen Segelregatten und zum allsommerlichen Reggaekonzert am Chiemseeufer. Die Gegend ist auch ein guter Ausgangspunkte für alle, die in die Bergwelt der Region Ostoberbayern – hin zu den Gebirgsgiganten Watzmann und Jenner – eintauchen wollen.

Weitere ausführliche Informationen zu dieser Region finden Sie im MARCO POLO „Chiemgau/Berchtesgadener Land".

Bild: Blick von Norden über den Chiemsee

DER CHIEMGAU

BURGHAUSEN

[117 F4] **Eindrucksvoll wird die Stadt (19 000 Ew.) von Deutschlands längster Burganlage überragt, die den schmalen Altstadtstreifen von der Neustadt mit Wohnvierteln und Industrieanlagen trennt.**

■ SEHENSWERTES ■

ALTSTADT

Der schöne, lang gestreckte *Stadtplatz* ist ein würdiger Zeuge süddeutscher Stadtkultur. Beeindruckend sind auch das *Rathaus* und das ehemalige kurfürstliche *Regierungsgebäude* mit Wappen und originellem dreitürmigen Giebel (Mitte 16. Jh.). An den Wohnbauten sind die charakteristischen Grabendächer der Inn-Salzach-Architektur zu entdecken. Drei Kirchen setzen weitere Akzente: *Jesuitenkirche und -kolleg St. Joseph* (um 1630), die *Pfarrkirche St. Jakob* (14.–16. Jh.) und die *Schutzengel-*

kirche der Englischen Fräulein (1731). Trotz des historischen Umfelds: Burghausen ist eine sehr lebhafte Stadt! Kneipen säumen die Gasse In der Grüben parallel zur

Marktl am Inn: Hier dreht sich alles um Papst Benedikt XVI.

Salzach, und in uralten Gewölbekellern residieren Liveclubs.

BURG

Die 1030 m lange Burganlage, die Sie am besten vom nördlichen Tor her „erobern", entstand im 12.–15. Jh. Sie diente den in Landshut residierenden Herzögen von Niederbayern als zweite Residenz, als Bollwerk gegen Angriffe aus dem Osten und als Schatzkammer. Das *Stadtmuseum* (in den ehemaligen Frauengemächern) zeigt Ausstellungen zur Volkskunst, Gemälde und eine umfangreiche Schmetterlingssammlung *(Mai bis Sept. 9–18, Mitte März–April und Okt. 10–16 Uhr | 2 Euro).*

ESSEN & TRINKEN ÜBERNACHTEN

HOTEL POST 🔊
Traditionsreiches Haus, zentral gelegen, Restaurant mit Biergarten. *24 Zi. | Stadtplatz 39 | Tel. 08677/ 96 50 | Fax 96 56 66 | www.altstadt hotels.net | €€*

LANDHOTEL BAYERISCHE ALM 🔊
Ein junges, frisches Haus mit Blick auf die Burg und einem viel gelobten und prämierten Restaurant. *23 Zi. | Robert-Koch-Str. 211 | Tel. 08677/ 98 20 | Fax 98 22 00 | www.bayrische alm.de | €€*

AM ABEND

CLUB MOLOKO ▶▶
Kühles Neon-Ambiente in altem Gewölbe; Promi-DJs und Themenpartys. *In den Grüben 142 | Tel. 0170/ 989 83 00 | www.clubmoloko.de*

KNOXOLEUM ▶▶
Künstlerflair, gute Küche und Livekonzerte in einem über 500 Jahre alten Haus. *In der Grüben 133 | Tel. 08677/91 61 91 | www.knoxoleum.de*

AUSKUNFT

VERKEHRSAMT
Stadtplatz 112 (im Rathaus) | Tel. 08677/88 71 40 | Fax 88 71 44 | www. burghausen.de

■ ZIELE IN DER UMGEBUNG ■

ALTÖTTING [117 E32]

Die 12000-Einwohner-Stadt rund 15 km von Burghausen entfernt ist Bayerns ältester und bedeutendster Wallfahrtsort. Jährlich eine halbe bis eine Million Pilger drängeln sich betend oder singend auf dem *Kapellplatz* und in der ★ *Gnadenkapelle* vor der Schwarzen Madonna. Kostbarster Besitz der *Gnadenkapelle* ist das als wundertätig verehrte Gnadenbild der „Schwarzen Madonna". Der Schöpfer der um 1330 geschnitzten und bemalten Statuette ist jedoch unbekannt.

Unter den Kirchen, die den Kapellplatz einrahmen, ist die spätgotische *Stifts- und Wallfahrtskirche St. Philipp und Jakob* (um 1500) am bemerkenswertesten. Sie birgt u. a. die Kapelle zur Erinnerung an Feldmarschall Tilly, den berühmten und gefürchteten Heerführer der katholischen Liga im Dreißigjährigen Krieg. Im *Haus Papst Benedikt XVI. – Neue* *Schatzkammer und Wallfahrtsmuseum* (Di–So 10–26 Uhr | Kapellplatz 4) wird das kostbare ★ „*Goldene Rössl*" von 1392 aufbewahrt. *Auskunft: Wallfahrts- und Verkehrsbüro | Kapellplatz 2a (Rathaus) | Tel. 08671/50 62 19 | Fax 858 58 |* www.altoetting.de

MARKTL AM INN [117 F3]

Der 12 km nördlich gelegene Geburtsort von Joseph Ratzinger, heute Papst Benedikt XVI., hat seinen prominenten Sohn zunächst gnadenlos vermarktet und wurde ebenso gnadenlos von Busladungen voller Benedikt-Pilger heimgesucht. Heute ist die Papstverehrung kanalisiert, das *Geburtshaus* **Insider Tipp** dient auch der Auseinandersetzung mit dem Glauben (*Mitte April–Okt., Di–Fr 10–12, 14–18, Sa/So 10–18 Uhr | 3,50 Euro*). Papst-Brez'n und -Bier gibt's aber immer noch. *Auskunft: Tourismus und Begegnung Marktl | Marktplatz 1 | Tel. 08678/ 74 88 20 |* www.markt-marktl.de

MARCO POLO HIGHLIGHTS

★ **Gnadenkapelle**
Das verehrte Gnadenbild in Bayerns bedeutendstem Wallfahrtsort Altötting ist eine Kostbarkeit (Seite 73)

★ **Goldenes Rössl**
Ein kunstvolles Altärchen mit der Jungfrau Maria ist Höhepunkt im neuen Haus Papst Benedikt XVI. (Seite 73)

★ **Frauenchiemsee**
Kleine Insel mit großer klerikaler Tradition (Seite 74)

★ **Herrenchiemsee**
Versailles im Chiemsee – das müssen Sie gesehen haben (Seite 75)

★ **Urschalling**
Das Kontrasterlebnis für Liebhaber mittelalterlicher Fresken (Seite 77)

★ **Rott am Inn**
Sehenswerte Rokoko-Klosterkirche (Seite 78)

★ **Wasserburg am Inn**
Die Stadt hat geschichtliche Atmosphäre (Seite 78)

CHIEMSEE

[120 C 2–3] **Der Chiemsee ist in geografischer und kultureller Hinsicht unumstrittener Mittelpunkt einer prächtigen Ferienlandschaft.** Auf den Inseln des 80 km² großen, 18 km langen, bis zu 14 km breiten und bis zu 74 m tiefen Sees gründeten Mönche und Nonnen im 8. Jh. Klöster – daher die Namen *Herren-* und *Fraueninsel;* die dritte im Bunde, die *Krautinsel,* diente der Nahrungsversorgung.

Zwei gleicherweise lohnende Möglichkeiten gibt es, den Chiemsee als Ganzes kennenzulernen. Seine abwechslungsreichen Uferlandschaften mit Buchten und „Malerwinkeln", Moorgebieten und Moränenhügeln „erfährt" man am besten auf einer 68 km langen *Radtour* auf dem *Chiemsee-Rundweg* (Radverleih in allen größeren Uferorten).

Oder Sie unternehmen eine dreistündige *Chiemseerundfahrt* mit dem Schiff. Dabei ist ein Besuch der *Herreninsel* und des *Schlosses Herrenchiemsee* eingeschlossen. Die Schiffe der Chiemseeflotte verkehren ganzjährig, Zusteigen und Fahrtunterbrechungen sind überall möglich *(Chiemseeschifffahrt L. Feßler | Prien | Tel. 08051/60 90 | Abfahrtszeiten 5-mal tgl. im Hafen von Prien, Ortsteil Stock). www.chiemsee.de*

◼ SEHENSWERTES ◼

FRAUENCHIEMSEE ★ [120 C3]

Auf der schon in vorgeschichtlicher Zeit von Fischern bewohnten Insel gründete der Bayernherzog Tassilo III. um die Mitte des 8. Jhs. ein *Benediktinerinnenkloster.* Von dem um das Jahr 1000 begonnenen Kirchenbau sind noch die wehrhaften Mauern des frei stehenden Glockenturms erhalten. Dessen Zwiebelhaube stammt aus dem 17. Jh. Im 15. Jh. wurde die Kirche im spätgotischen Stil eingewölbt und umgebaut; ältere Fresken in den Arkadenlaibungen blieben erhalten. Als Sensation galt

❯ BÜCHER & FILME
Oberbayern aufs Maul g'schaut

❯ **Lausbubengeschichten** – Ludwig Tomas humorvoller Blick auf die oberbayerische Provinz

❯ **Erinnerungen einer Überflüssigen** – Aufzeichnungen einer ungeliebten Tochter in München und Oberbayern um die Wende zum 20. Jh., geschrieben von Lena Christ

❯ **Tief in Bayern** – ein Klassiker der Ethno-Satire von R. W. B. McCormack: Ein Ethnologe beobachtet den Stamm der Bayern und dessen Sitten – sehr amüsant und durchaus erhellend.

❯ **Der Bulle von Tölz** – In der TV-Krimiserie haben Tölz und Umgebung eine Paraderolle neben den beiden bayerischen Urgewalten Ruth Drexel und Ottfried Fischer.

❯ **Ludwig II.** – Luchino Visconti drehte 1972 sein Epos über den Märchenkönig an den Originalschauplätzen; mit Helmut Berger und Romy Schneider.

❯ **Wer früher stirbt ist länger tot** – Marcus H. Rosenmüllers wunderbarer bayerischer Kultfilm mit Showdown auf dem Wendelstein (2006)

die Entdeckung der *karolingischen Kapelle* in der Torhalle des Klosters. Das dabei freigelegte Fresko wird auf die Zeit um das Jahr 1000 datiert. In der Torhalle ist ein *Agilolfinger-Museum* untergebracht *(Pfingsten bis Okt. tgl. 11–18 Uhr | Eintritt 1,50 Euro)*. Ein gemütliches Wirtshaus mit bodenständiger Kost und Bier-

weile in den Besitz der Augustiner-chorherren übergegangene Kloster als geistig-geistlicher Mittelpunkt des Chiemgaus. Von den letztlich barocken Bauten ist nur das sogenannte *Alte Schloss* mit der ehemaligen Bibliothek und dem Kaisersaal erhalten geblieben. *Schloss Herrenchiemsee*, dem berühmten französi-

Bayerns „Versailles": König Ludwig II. ließ 1879 das Märchenschloss Herrenchiemsee erbauen

garten ist der **Inselwirt** *(Do–Di 11–21 Uhr, Nov.–März geschl. | Tel. 08054/ 630 | www.inselwirt.de | €). Ab Gstadt 15-minütige Überfahrt zur Fraueninsel*

HERRENCHIEMSEE ★ [120 C3]
Die große bewaldete Insel gegenüber Prien hat schon im 8. Jh. ein *Benediktinerkloster* beherbergt. Bis zur Säkularisation 1803 galt das mittler-

schen Schloss Versailles nachempfunden, sollte auch einen Nord- und Südflügel bekommen, doch nach siebenjähriger Bauzeit ging König Ludwig II. 1886 das Geld aus. Im Schloss heute noch zu sehen: der blaue Krönungsmantel und König Ludwigs Totenmaske. *Führungen April–Mitte Okt. 9–17, sonst 9.40 bis 15.50 Uhr | Eintritt 7 Euro | www. herrenchiemsee.de*

PRIEN

■ ZIEL IN DER UMGEBUNG ■

RABENDEN [120 C2]

Insider Tipp

In der kleinen *Dorfkirche St. Jacob,* 10 km nördlich des Sees, steht einer der schönsten spätgotischen Schnitzaltäre, geschaffen von einem unbekannten Meister 1510–30.

PRIEN

[120 C3] **Der Marktort (10 000 Ew.) gruppiert sich um die ursprünglich spätgotische, 1738 barockisierte Pfarrkirche Mariä Himmelfahrt.** Priens Hafen, Heimat der Chiemseeschifffahrt, ist im 2 km entfernten Ortsteil Stock, wohin zur Freude aller Eisenbahnfans in der Hochsaison Deutschlands älteste Schmalspurbahn, der *Feurige Elias,* dampft. Nördlich und südlich von Stock finden Sie Badeplätze, Yacht- und Bootshäfen sowie Surfschulen.

Ein gutbürgerliches Haus direkt am See mit Hallenbad und *Altbayerische Stub'n (nur abends)* ist das *Golf-Hotel Reinhart* (65 Zi. | Seestr. 117 | Tel. 08051/69 40 | Fax 69 41 00 | www.reinhart-hotels.de | €€). Das *Yachthotel Chiemsee* ist ein komfortables, ruhiges und schön gelegenes Haus im Ortsteil Harras, gute Küche (102 Zi. | Harrasser Str. 49 | Tel. 08051/69 60 | Fax 51 71 | www.yachthotel.de | €€€).

Feine bayerische und internationale Spezialitäten können Sie im eleganten Ambiente des *Mühlberger* genießen (Di/Mi geschl. | Bernauer Str. 40 | Tel. 08051/96 68 88 | www.muehlberger-restaurant.de | €€). Auskunft: Kurverwaltung | Alte Rathausstr. 11 | Tel. 08051/690 50 | Fax 69 05 40 | www.tourismus.prien.de

■ ZIELE IN DER UMGEBUNG ■

ASCHAU [120 C3]

Das idyllisch am Fuß der Kampenwand gelegene Dorf (12 km südlich von Prien) hat Kurpark, Moorschwimmbad und Hallenbad. Die barocke *Pfarrkirche St. Maria* mit ihren beiden, von doppelstöckigen Zwie-

Das kleine Dorf Urschalling: bekannt durch seine Kirche und das urige benachbarte Wirtshaus belhelmen gekrönten Türmen prangt in reichem Stuckdekor. Auf einem baumbestandenen Hügel über dem Dorf thront, weithin sichtbar, das *Schloss Hohenaschau* aus dem 12. Jh. Die Kabinenbahn auf den Hausberg *Kampenwand* (1669 m) erschließt ein hübsches Wander- und bescheidenes Skigebiet. Zu empfehlen ist der *Landgasthof Karner,* im Landhausstil eingerichtet, mit schönem Garten und bester Küche *(tgl. | Frasdorf | Tel. 08052/179 70 | Fax 47 11 | www.landgasthof-karner.de | €€€).* Ein Hotel und Gourmettempel der besonderen Art ist die *Residenz Heinz Winkler.* Die Küche des sterngekrönten Gastronomen ist zweifelsohne exzellent *(13 Zi., 13 Suiten | Kirchplatz 1 | Tel. 08052/179 90 | Fax 17 99 66 | www.residenz-heinz-winkler.de | €€€).*

RUHPOLDING [121 D4]

Der größte und bekannteste Ferienort der Chiemgauer Alpen, 46 km von

Prien entfernt, hat sich stark auf den anspruchslosen Massentourismus eingestellt. Dabei ist Ruhpolding auf vielfältige Weise attraktiv geblieben. Die landschaftliche Kulisse mit dem 1645 m hohen ☀ *Rauschberg* als Höhepunkt (Großkabinenbahn, Alpenlehrpfad) könnte jeden Heimatfilm zieren. Im Ort sind zahlreiche alte Bauernhöfe erhalten geblieben, auch ein *Renaissancejagdschloss* der Bayernherzöge (heute Forstamt). Die schöne *Rokokokirche St. Georg* beherbergt die „Ruhpoldinger Madonna" (12. Jh.). Im informativen *Holzknechtmuseum* werden Arbeitsweise und Bräuche der Holzarbeiter dokumentiert *(Ortsteil Laubau | Di bis So 13–17 Uhr | Eintritt 3 Euro).*

URSCHALLING ⭐ [120 C3]

In dem Dorf gleich oberhalb von Prien steht die kleine romanische Kirche *St. Jakob* (um 1200), die mit schönen mittelalterlichen Fresken geschmückt ist (falls geschlossen, Schlüssel im Haus nebenan.) Die *Mesner-Stub'n* neben der Kirche ist ein uriges Wirtshaus, fast wie aus dem „Komödienstadl" *(Tel. 08051/ 39 71 | www.mesnerstubn.de | €€).*

ROSENHEIM

 **KARTE IN DER HINTEREN UMSCHLAGKLAPPE**

[120 B3] Am Schnittpunkt der großen Verkehrsachsen am Inn gelegen, hat Rosenheim (60 000 Ew.) den Charakter einer weltoffenen Provinzstadt zu bewahren verstanden. Von ihrer schönsten und urbansten Seite zeigt sich die Kreisstadt in ihrem alten Kern um den *Max-Josefs-Platz (Fuß-*

gängerzone) mit den typischen Inntalhäusern, ihren Arkadengängen und Grabendächern.

SEHENSWERTES

AUSSTELLUNGSZENTRUM LOKSCHUPPEN

Jedes Jahr wird hier eine neue große Ausstellung erarbeitet und didaktisch und atmosphärisch perfekt präsentiert: 2009 sind es die „Dinosaurier", 2010 die Welt der „Gewürze". *Rathausstr. 24 | Tel. 08031/365 90 36 | www.kuko.de*

INN-MUSEUM

Gute Dokumentation von Natur und Geschichte des Flusses. *Im Sommerhalbjahr Fr 9–12, Sa/So 9–16 Uhr | Innstr. 74 | Eintritt 2 Euro*

ESSEN & TRINKEN

DINZLER KUNSTMÜHLE

Das Kaffeehaus mit eigener Rösterei überzeugt nicht nur mit aromatischem Kaffee, sondern auch mit einer sehr feinen, kreativen Küche. *Tgl. bis 20, Do bis 22 Uhr | Kunstmühlstr. 12 | Tel. 08031/408 25 31 | www.dinzler.de | €€*

FISCHKÜCHE

Das gemütliche Gasthaus mit hübschem Biergarten ist wegen seiner bodenständigen bayerischen Küche und der leckeren Fischgerichte zu empfehlen. *Tgl. geöffnet | Gillitzerstr. 10 | Tel. 08031/327 61 | €€*

FREIZEIT & SPORT

BAUERNGOLF SAMERBERG

Golfgaudi für die ganze Familie: Am Samerberg spielt man mit einem Schläger, an dem ein Holzschuh befestigt ist, einen Lederball über Wiesen und Felder. *Familie Spöck, Grainbach | Tel. 08032/83 20 | www.bauerngolf-samerberg.de*

AUSKUNFT

VERKEHRSBÜRO

Kufsteiner Str. 4 | Tel. 08031/365 90 61 | Fax 365 90 60 | www.tourismusinfo-ro.de

ZIELE IN DER UMGEBUNG

ROTT AM INN ★   [120 B2]

Die ehemalige *Benediktinerklosterkirche* in Rott am Inn, 14 km nördlich von Rosenheim, gehört zu den kostbarsten Architekturdenkmälern des 18. Jhs. in Bayern. Baumeister Johann Michael Fischer und Skulpturenkünstler Ignaz Günther waren hier in Hochform.

WASSERBURG AM INN ★   [120 B1]

Wo sich der Inn 27 km nördlich von Rosenheim in einer engen Schleife

>LOW BUDGET

> Von Mai bis September finden auf der *Burghausener Burg* donnerstags und sonntags um 15.45 Uhr kostenlose Greifvogelvorführungen statt.

> Auf der *Fraueninsel* gibt's geräucherte Renken viel billiger als im Restaurant: Rustikal in eine Semmel gelegt und auf einer Parkbank am See verzehrt, schmecken sie köstlich, z. B. bei *Familie Lex, Haus Nr. 31.*

> Wenn Sie nur auf die *Fraueninsel* übersetzen möchten, ist die Überfahrt von Gstadt aus gerade mal halb so teuer wie von Prien. Und Parkplätze sind ebenfalls leichter zu finden.

durch einen eiszeitlichen Moränenwall gebohrt hat, liegt die alte Salzhandelsstadt (11 500 Ew.) auf ihrer schmalen, halbinselartigen Landzunge. Den besten Blick auf Wasserburg und seine einzigartige Lage hat man von der *Schönen Aussicht* auf dem  **Kellerberg** oberhalb der Innbrücke.

bau der *Frauenkirche* mit spitz aufragendem Turm, die *Stadtpfarrkirche St. Jakob,* eine schöne gotische Hallenkirche aus der ersten Hälfte des 15. Jhs. am *Kirchhofplatz,* schließlich die einstige *Burg* (1531), ein Renaissanceschloss mit hohem Stufengiebel, Zehntkasten (Vorratslager) und Burgkapelle. Nehmen Sie sich

Insider Tipp

Reges Treiben herrscht auf dem Töpfermarkt in Wasserburg am Inn

Einen Rundgang durch die *Altstadt* beginnt man am besten am *Brucktor* (1470) vor der Innbrücke. Durch die *Bruckgasse* zum *Marienplatz* mit Laubengängen, dem spätgotischen, doppelgiebeligen *Rathaus* (1457) und dem *Kernhaus* mit seiner prächtigen, von Johann Baptist Zimmermann gestalteten Rokokofassade (1738). Weitere bemerkenswerte Bauwerke: der gotische Backstein

auch die Zeit, die *Fletzingergasse, Herrengasse, Färbergasse* und *Lederzeile* mit ihren Läden zu durchstreifen und dort Schönes und Kurioses zu entdecken. Eine krosse Pizza im *Roten Turm* ist der würdige Abschluss für den Wasserburg-Bummel *(Hofstatt 1 | Tel. 8071/10 48 98 | €). Auskunft: Verkehrsbüro | Marienplatz 2 (im Rathaus) | Tel. 08071/105 22 | Fax 105 21 | www.wasserburg.de*

> GEZÄHMTE WILDNIS

Ein Nationalpark mit Gipfelglück, geheimnisvoller Salzwelt und der Stille idyllischer Seen

> **Steinadler, schroffe Felsen und der tiefblaue Königssee im Nationalpark, kulinarisch die Nähe zu Salzburg und Kulturgüter von unschätzbarem Wert: Deutschlands südöstlichste Ecke.**

Wanderer und Wintersportler finden rund um Bad Reichenhall und Berchtesgaden ein Riesenangebot an Wegen, Pisten und Loipen. Weitere Infos zum Berchtesgadener Land finden Sie im MARCO POLO „Chiemgau/ Berchtesgadener Land".

Bild: Ramsau mit Blick auf den Watzmann

BAD REICHEN-HALL

[121 E4] **Das traditionsreiche Staatsbad (17500 Ew.) liegt im weiten Talbecken der Saalach, die hier aus den engen Bergen heraustritt.** In der alten Salinenstadt fließen die stärksten Solequellen Europas. Sie wurden schon von den Kelten und Römern zur Salzgewinnung genutzt und begrün-

BERCHTES GADENER LAND

deten Ende des 19. Jhs. Reichenhalls Ruf als Kurort.

■ **SEHENSWERTES** ■

ALTE SALINE MIT QUELLENHAUS

Historische Anlagen, zum Museum umfunktioniert. Man sieht u. a. die riesigen Solepumpen arbeiten und die kunstvollen Quellfassungen der Solequellen von Erasmus Grasser. Sehr informative Filmvorführung über Salzgewinnung früher und heute. *April–Okt. tgl. 10–11.30 und 14–16, Nov.–März Di, Do 14–16 Uhr | Salinenstr. | Eintritt 5,20 Euro*

MÜNSTER ST. ZENO

Bayerns größte romanische Basilika, erbaut im 12. Jh., ist 90 m lang, 30 m breit und 16 m hoch. Auffällig ist ihr mit zweifarbigem Marmorschmuck eingerahmtes Westportal, das ein Tympanon mit der von St. Zeno und St. Rupert flankierten Madonna abschließt. Auch der romanische Kreuzgang ist sehenswert, doch leider ebenso wie die Kirche nur selten geöffnet. *Infos zu Öffnungszeiten beim Pfarramt | Tel. 08651/71 42 90*

ESSEN & TRINKEN

BÜRGERBRÄU ▶▶ 🌐

Eine Institution, in der trotz regen Touristenbesuchs auch die Einheimischen einkehren. Rustikale Küche, süffiges Bier. *Tgl. geöffnet | Waaggasse 1 | Tel. 08651/60 89 | €–€€*

CARAVELLE LOUNGE

Schicker Italiener im postmodernen Design am Kurpark. *Mo geschl. | Mackstr. 2 | 08651/96 72 20 | €€*

HOFWIRT

Gute, bodenständige Küche in einem denkmalgeschützten Renaissancehaus. *Mo mittag geschl. | Salzburger Str. 21 | Tel. 08651/983 80 | www.hofwirt.de | €€*

EINKAUFEN

Insider Tipp BALNEO

Der Laden in der Alten Saline verkauft aus Sole bzw. Salz hergestellte Pflegeprodukte wie Peeling oder Seife. *Alte Saline 15*

REBER

Nicht Salzburg, wie man vermuten könnte, sondern Bad Reichenhall ist Heimat der Reber'schen Mozartkugeln und vieler anderer süßer Leckereien. *Ludwigstr. 10*

ÜBERNACHTEN

NEU-MERAN

Das Traditionshotel über Bad Reichenhall liegt herrlich ruhig im Grünen. Ein Genuss ist das Restaurant mit Anklängen Südtiroler Küche. Für Entspannung sorgt ein kleiner Wellnessbereich mit Pool. *20 Zi. | Nonn 94 | Tel. 08651/40 78 | Fax 785 20 | www.hotel-neu-meran.de | €€–€€€*

FREIZEIT & SPORT

RUPERTUS THERME
SPA & FITNESS RESORT

Wellnesszentrum (kein Spaßbad) mit Innen- und Außenpools, Solegrotten, Dampfbädern, Farbsaunen. *Friedrich-Ebert-Allee 21 | Tel. 01805/60 67 06 | www.rupertustherme.de*

AUSKUNFT

KUR- UND VERKEHRSVEREIN

Wittelsbacherstr. 15–17 | Tel. 08651/ 60 63 03 | Fax 60 63 11 | www.bad-reichenhall.de

ZIEL IN DER UMGEBUNG

PREDIGTSTUHL ❄ [121 E4] *Insider Tipp*

Die Gondelfahrt auf den 1614 m hohen Hausberg ist nichts für Leute, denen leicht schwindelig wird. Deutschlands älteste Großkabinenbahn von 1928 schwebt eine nahezu senkrechte Felswand hinauf. Oben sind auch im Winter einige leichte Wanderwege präpariert, und der Blick ist ohnehin atemberaubend.

BERCHTES-GADEN

 KARTE IN DER HINTEREN UMSCHLAGKLAPPE

[121 F4–5] Der Markt und heilklimatische Kurort (7800 Ew.) breitet sich dekorativ vor der Kulisse des Watzmann (2713 m) aus. Auch die anderen Gipfelgruppen, die Berchtesgaden umrahmen, zeigen eindrucksvolle Konturen: der *Untersberg* im Norden, der *Hohe Göll* im Osten, der *Hochkalter* im Westen und die Spitzen des *Steinernen Meeres* im Süden. Das innerste Ortszentrum ist Fußgängerzone.

Berchtesgaden liegt umgeben von Bergen

■ SEHENSWERTES

ALTSTADT

Ein Bummel durch die verkehrsberuhigten Gassen der Altstadt kann an der *Basilika St. Peter und Johannes der Täufer* beginnen. Das romanische Gotteshaus wurde mehrmals umgebaut, hat im Inneren aber ein kostbares Chorgestühl aus dem 14. Jh. bewahrt. Schräg gegenüber schmücken Häuser mit bunter Lüftlmalerei den lang gestreckten Marktplatz, darunter das *Hirschenhaus* mit seinem Affenmotiv, das vor den Untugenden (= Affen) der Menschen warnt. Lassen Sie sich durch die schmalen Gassen mit ihren zahlreichen Souvenirgeschäften treiben. Der Ort hat trotz Touristenrummels im Sommer eine behäbige, ja fast familiäre Atmosphäre.

SALZBERGWERK/SALINENMUSEUM

Ein Riesenspaß für Groß und Klein, und dazu viele interessante Informationen zum Salzabbau. *Mai–Mitte*

Okt. tgl. 9–17, Mitte Okt.–April 11.30 bis 15 Uhr | Bergwerkstr. 83 | Eintritt 12 Euro | www.salzzeitreise.de

SCHLOSS ADELSHEIM/ HEIMATMUSEUM ⭐

Ein kurzer Spaziergang durch die *Nonntal* genannte Straße bergauf führt zu dem sehenswerten Museum. Zwei Ausstellungsbereiche sind besonders interessant: Die *Berchtesgadener War'*, Spanschachteln verschiedener Formen und Größen, die ab dem 16. Jh. ein wichtiges Handelsgut des Ortes waren, und die Arbeiten der *Boandlschnitzer,* die aus Elfenbein und anderem Knochenma-

MARCO POLO HIGHLIGHTS

⭐ **Schloss Adelsheim/Heimatmuseum**
Wunderschönes Kunsthandwerk und vorbildliche Präsentation (Seite 83)

⭐ **Maria Kunterweg**
Die Wallfahrtskirche in Ramsau ist ein barockes Kleinod (Seite 85)

⭐ **Königssee**
Mit dem Elektroboot nach St. Bartholomä (Seite 85)

⭐ **Maria Gern**
Wallfahrtskirche in perfekter Idylle (Seite 85)

terial filigrane Kunstwerke schufen. *Dez.–Okt. Di–So 10–16 Uhr | Schroffenberg-Allee 6 | Tel. 08652/44 10 | Eintritt 2,50 Euro*

■ EINKAUFEN

ENZIANBRENNEREI GRASSL

Hier wird der Schnaps seit 1602 aus Enzianwurzeln gebrannt. Eine der „Wurzelhütten" der Grassls steht übrigens am Funtensee, Deutschlands kältestem Ort. *(Salzburger Str. 105 | www.grassl.com)*.

■ ÜBERNACHTEN

HOTEL MARIA GERN

Gutes Haus für Fitnessfans. *13 Zi. | Kirchplatz 3 | Tel. 08652/34 40 | Fax 662 76 | www.mariagern.de | €*

INTERCONTINENTAL

Ein zwiespältiges Vergnügen, dort Urlaub zu machen, wo Hitlers Berghof stand. Dennoch, das Hotel liegt so phantastisch, eingerahmt von schroffen Gipfeln, die moderne Architektur ist transparent und gelun-

Die Multimediashow der Dokumentation Obersalzberg zeigt die Auswirkungen der NS-Zeit

■ ESSEN & TRINKEN

BIER-ADAM

In dem behäbigen Haus am Marktplatz wird schnörkellos-bayerisch gekocht, was in der rustikalen Gaststube serviert wird. *Tgl. geöffnet | Marktplatz 22 | Tel. 08652/23 90 | €€*

Insider Tipp
BRÄUSTÜBERL IM HOFBRÄUHAUS
Starkes Lokalkolorit und mäßige Preise. *Mo geschl. | Brauhausstr. 15 | Tel. 08652/97 64 24 | €€*

gen, der Service natürlich perfekt und das Restaurant *Le Ciel* von Michelin wie Gault Millau prämiert. *138 Zi. | Hintereck 1 | Tel. 08652/ 97 55 55 80 | www.berchtesgaden. intercontinental.com | €€€*

■ AUSKUNFT

KURDIREKTION

Königsseer Str. 2 | Tel. 08652/ 96 71 50 | Fax 96 74 00 | www.berchtesgadener-land.com

> **www.marcopolo.de/oberbayern**

■ ZIELE IN DER UMGEBUNG ■

DOKUMENTATION OBERSALZBERG

Ausstellung zur Geschichte der NS-Diktatur. *Salzbergstr. 41 | April–Okt. Mo–So 9–17, sonst Di–So 10–15 Uhr | Eintritt 3 Euro |* www.obersalzberg.de

JENNER ☼ [121 F5]

Mit Gondeln und Sesseln fährt die *Jennerbahn* auf den 8 km entfernten, 1874 m hohen Jenner mit großartiger Aussicht auf die imposante Bergwelt des Nationalparks und den Königssee. Geführte Wanderungen: *Nationalparkverwaltung | Tel. 08652/968 60 | Fahrplan:* www.jennerbahn.de

KEHLSTEINHAUS ☼ [121 F4]

Das viel besuchte, 6 km entfernte Ausflugsziel (1834 m hoch) ist über den *Obersalzberg* zu erreichen. Erbaut wurde es einst als Geburtstagsgeschenk für Adolf Hitler. Fahrt nur mit Linienbussen auf kühn angelegter Straße. Grandioses Panorama und Gaststätte. *Mitte Mai–Okt. | Busse ab Dokumentation Obersalzberg zwischen 8 und 16 Uhr | Eintritt 15 Euro*

KÖNIGSSEE ★ [121 E–F5]

Der fjordartige, tiefgrüne See, 5 km südlich von Berchtesgaden, zählt zu den schönsten Bayerns. Geräuscharme Elektroboote fahren zu folgenden Stationen: *Malerwinkel, Königsbachfall, Echowand* (Trompetenecho!) und *St. Bartholomä. Auskunft: Bayerische Schifffahrt Königssee | Seestr. 55 | Tel. 08652/96 36 18 |* www.bayerische-seenschifffahrt.de

MARIA GERN ★ [121 F4]

Die *Wallfahrtskirche* in der Gern direkt bei Berchtesgaden gilt als schönstes Gotteshaus der Gegend. Der bäuerliche Barockbau von 1709 befindet sich in wunderbarer Harmonie mit der ländlichen Umgebung vor hochalpiner Kulisse. *Vom Ortszentrum 45 Min. Fußweg*

NATIONALPARK BERCHTESGADEN [121 E–F5]

Deutschlands größter Nationalpark (208 km^2) umfasst den ganzen südlichen Bereich des Berchtesgadener Landes mit Königssee, Watzmann, Hochkalter sowie den zu Bayern gehörenden Teilen der Reiter Am, des Steinernen Meeres, des Hagengebirges und der Göllgruppe. Es gibt zwei komfortable Möglichkeiten, um wenigstens in Teilbereiche des Nationalparks einzudringen: die Elektroboote auf dem Königssee und die Jennerbahn. www.nationalparkberchtesgaden.de

RAMSAU [121 E5]

Die in einem bewaldeten Hang versteckte Wallfahrtskirche der Sennerinnen, ★ *Maria Kunterweg,* mit ihrem berühmten Gnadenbild (1690) ist ein sehenswertes Zeugnis dörflich-frommen Lebens. Von Berchtesgaden in 12 km.

＞LOW BUDGET

> Kinder, Schüler, Studenten, Zivis und Lehrer haben freien Eintritt in die Dokumentation Obersalzberg.

> Auf dem Königssee können Familien mit bis zu 3 Kindern die preiswerte Familienkarte für 31 Euro nutzen. Im Vergleich: Eine Einzelfahrt kostet für Erwachsene 12,50 Euro.

> WASSERSTRASSEN ALS WEGWEISER

Pulsierende Städte in herrlicher, von Isar, Donau und Altmühl durchzogener Ferienlandschaft

> Oberbayern nördlich von München – die Ferienregion zwischen dem Freisinger Domberg und den Felsskulpturen an der Altmühl wartet noch darauf, entdeckt zu werden. Stille, beschauliche Landschaft und quirlige Städte haben einen ganz besonderen Reiz.

Liebevoll restaurierte mittelalterliche Städtchen, die Donaumetropole Ingolstadt und die vielfältigen Auenlandschaften der Donau und der Altmühl haben mehr Interesse verdient.

Bild: Marktplatz von Eichstätt

EICHSTÄTT

[114 B1] Alte Häuser, junge Menschen, Zeit zum Durchschnaufen. Bei gemütlichen und interessanten Stadtspaziergängen können Sie sich kurzweilig erholen. Die Bischofstadt (14 000 Ew.) ist über 1100 Jahre alt und doch überraschend jung geblieben. Denn sie beherbergt die einzige katholische und zugleich die kleinste Universität im deutschsprachigen Raum. Gerade

NÖRDLICHES OBERBAYERN

die Studenten bringen frischen Wind in das ehrwürdige Städtchen.

Hier ist die Altmühl noch ein Flüsschen und schlängelt sich in Zeitlupe durch die bizarre Felsenlandschaft der Umgebung. Schroffe Jurakalksteinformationen zeigen sich als abwechslungsreiche Naturkulisse. Eichstätts Innenstadt ist quicklebendig und besitzt ebenso herrschaftliche Häuserensembles wie moderne Architektur, zahlreiche gemütliche Straßencafés und stattliche Wirtshäuser.

▰ SEHENSWERTES ▰

INFORMATIONSZENTRUM NATURPARK ALTMÜHLTAL

Bestens aufbereitete Infos und ein virtueller Rundgang durch das Altmühltal bereiten auf spätere Ausflüge in den Naturpark vor. *Tgl. geöffnet | Notre Dame 1 | Tel. 08421/987 60 | www.naturpark-altmuehltal.de*

WILLIBALDSBURG ⭐ ❄

Über der Bischofsresidenz und anderen sakralen Prachtbauten ragt die mächtige Burg – vom 14. bis zum 18. Jh. Residenz der Bischöfe und im 17. Jh. im Stil der Renaissance umgebaut – auf einem exponierten Bergkegel imposant aus dem Altmühltal heraus. Sie beherbergt das interessante, naturkundliche *Jura-Museum,* dessen kostbarstes fossiles Ausstellungsstück der „Archaeopte-

■ ESSEN & TRINKEN ■

DOMHERRNHOF

Köstliche Schmankerln aus der Region, saisonal abgestimmt. Hier erwartet Sie herrschaftliche Eleganz ohne Krawattenzwang. *Mo geschl. | Domplatz 5 | Tel. 08421/61 26 | www.domherrnhof.de | €€–€€€*

IM PARADEIS

Restaurant-Café direkt am Marktplatz mit herrlicher Sonnenterrasse.

Willibaldsburg: Wo früher die Bischöfe residierten, sind heute Fossilien ausgestellt

ryx" ist, ein versteinerter Urvogel, der hier vor rund 150 Mio. Jahren lebte. Wenn im Frühjahr und Sommer Blumen und Sträucher blühen, ist auch der rekonstuierte Bastionsgarten mit seinen zahlreichen exotischen Pflanzen ein Augenschmaus. *Di–So 9–16, im Winter 10–16 Uhr | Burgstr. 19 | Eintritt 4 Euro | www.jura-museum.de*

Tgl. 8–24 Uhr | Marktplatz 9 | Tel. 08421/33 13 | www.cafe-im-para deis.de | €€

■ ÜBERNACHTEN ■

BRAUGASTHOF TROMPETE 📶

Frische Farben dominieren in den kürzlich renovierten Zimmern des Gasthofs am Altmühltal-Radweg. Das Angebot reicht von günstigen

Mehrbettzimmern bis zum Apartment. *Ostenstr. 3 | Tel. 08421/981 70 | Fax 981 73 90 | www.brauereigast hof-trompete.de | €–€€*

■ FREIZEIT & SPORT ■

FOSSILIENSTEINBRUCH BLUMENBERG

Im Steinbruch auf dem Blumenberg können Sie mit dem Hämmerchen selbst nach einem Archaeopteryx suchen. Aber ein hübscher Ammonit tut's vielleicht auch? Werkzeug kann geliehen werden. *Tgl. 9.30–18 Uhr | 3 km nordwestlich | Eintritt 2 Euro*

■ AM ABEND ■

ALTES STADTTHEATER

Treffpunkt für Studenten und Junggebliebene mit Kleinkunst und Kabarett. *Residenzplatz 17 | Tel. 08421/977 50 | www.asthe.de*

ZUM GUTMANN ▶▶

Wirtshaus und Kleinkunst; ein beliebter Treff am Wochenende mit gutem Live-Programm. *Am Graben 36 | Tel. 08421/90 47 16*

■ AUSKUNFT ■

TOURISTENINFORMATION

Domplatz 8 | Tel. 08421/600 14 00 | Fax 600 14 08 | www.eichstaett.info

■ ZIEL IN DER UMGEBUNG ■

NATURPARK ALTMÜHLTAL

Schroff erodierte Jurakalkfelsen, die Schleifen der Altmühl, unberührte Natur und ein Teilstück des *Limes,* seit 2005 Unesco-Weltkulturerbe, zeichnen dieses Landschaftsidyll aus. Entlang des Flüsschens verlaufen sowohl der *Altmühltal-Radweg* (164 km von Gunzenhausen nach Kelheim) als auch der *Panorama-Wanderweg Altmühltal* (200 km von Gunzenhausen nach Kelheim, das 15 km lange Stück entlang „Schlaufe 14" ist eine herrliche Halbtagestour ab Eichstätt). Anfänger-Kanuten finden auf der ruhigen Altmühl ein entspanntes Revier, Kletterer an den Felsen Herausforderungen jeden Schwierigkeitsgrades. *Infos zu allen sportlichen Aktivitäten im Informationszentrum Naturpark Altmühltal | Notre Dame 1 | Tel. 08421/987 60 | www. naturpark-altmuehltal.de*

FREISING

[115 E5] Die alte Bischofsstadt Freising (45 000 Ew.) gilt vielen nur als Vorort Münchens. Dabei reicht ihre Geschichte weit ins Mittelalter zurück. Bereits im 8. Jh. war Freising Bischofssitz, der hl. Korbinian und der hl. Bonifaz wirkten hier. Zeugnis dieser langen, vom geistigen Leben geprägten Geschichte ist der ★ *Domberg* mit Dom und Diözesanmuseum. Mit dem Bau des neuen Münchner Flughafens hat sich das ländliche Freising in eine moderne und sehr dynamische Kleinstadt verwandelt.

MARCO POLO HIGHLIGHTS

★ Willibaldsburg

Renaissanceprunk und Zeugnisse der Urzeit – eine gelungene Kombination hoch über Eichstätt (Seite 88)

★ Domberg

Kirchenpracht zwischen Romanik und Barock in Freising, dazu ein fantastisches Diözesanmuseum (Seite 89)

▀ SEHENSWERTES ▀

BAYERISCHE STAATSBRAUEREI WEIHENSTEPHAN

Die älteste Brauerei der Welt, 1040 von Abt Arnold gegründet, ist heute ein moderner Staatsbetrieb, den Sie im Rahmen einer Führung besichtigen können. *Führungen Mo, Di, Mi 10 Uhr, Di auch 13.30 Uhr | Eintritt 6 Euro | Alte Akademie 2 | Tel. 08161/ 53 60 | www.weihenstephaner.de*

DIÖZESANMUSEUM

Die sehenswerte Sammlung umfasst neben neapolitanischen Krippen, Kostbarkeiten mittelalterlicher Skulpturen- und Gemäldekunst, dem Domschatz und wertvollen Ikonen auch moderne Kunstinstallationen. *Di–So 10–17 Uhr | Domberg 21 | Eintritt 4 Euro*

DOM ST. MARIA

Die romanische Ursprungskirche ist im Langhaus deutlich zu erkennen, wenngleich Cosmas Damian Asam dem Raum mit goldgelb leuchtenden Fresken und einer illusionistischen Kuppel über der Vierung alle Strenge genommen hat. Von Peter Paul Rubens stammt das „Apokalyptische Weib" über dem Hochaltar. Unter dem Chor verbirgt sich die stimmungsvoll in Dämmerlicht getauchte, **romanische Krypta** mit der bizarren Bestiensäule, auf der sich Fabelwesen und Menschen Kämpfe liefern, und dem Reliquienschrein des hl. Korbinian.

Insi Tip

▀ ESSEN & TRINKEN ▀

WEIHENSTEPHANER BRÄUSTÜBERL

Freisinger Pflichtprogramm ist die Einkehr in dieser rustikalen Gaststätte mit herrlichem Biergarten. Es gibt hier auch bayerische Raritäten wie panierten Kalbskopf oder Ochsenbäckchen. *Tgl. geöffnet | Weihenstephaner Berg 10 | Tel. 08161/ 130 04 | €–€€*

Kreuzgang des Freisinger Doms St. Maria

▨ ESSEN & TRINKEN ▨

HOTEL LERNER 🔊

Ein angenehmes Mittelklassehotel mit modern und ansprechend eingerichteten Zimmern. Das üppige Frühstücksbuffet kostet extra. *32 Zi. | Vöttinger Str. 60 | Tel. 08161/916 46 | Fax 414 04 | www.hotel-lerner.de | €€*

▨ AUSKUNFT ▨

TOURISTINFORMATION

Marienplatz 7 | Tel. 08161/541 22 | www.freising.de

▨ ZIELE IN DER UMGEBUNG ▨

KZ-GEDENKSTÄTTE DACHAU

In dem 1933 eingerichteten Konzentrationslager 37 km südwestlich von Freising waren 200 000 Häftlinge interniert, 32 000 starben unter den unmenschlichen Bedingungen. *Di–So 9–17 Uhr | www.kz-gedenkstaette-dachau.de*

SCHLEISSHEIM

Im 18. Jh. entstand in einem Sumpfgelände 31 km südwestlich von Freising die barocke Schlossanlage Schleißheim nach Plänen von Enrico Zuccali und Joseph Effner. Dem Repräsentationsbedürfnis des „Blauen Kurfürsten" Max II. Emanuel entsprachen die Baumeister mit einer 330 m langen Fassade, einem herrlichen Treppenhaus und einem strengen Barockgarten *(April–Sept Di–So 9–18, Okt.–März 10–16 Uhr | Eintritt 4 Euro).*

INGOLSTADT

[114–115 C–D2] Lebendig, ja quirlig präsentiert sich Deutschlands jüngste Großstadt (123 000 Ew.), die 1989 die magische Grenze von 100 000 Einwohnern überstieg. Eingerahmt von Bastionen und Donauauen eignet sich die Altstadt hervorragend für einen interessanten Stadtrundgang. Spitzgiebelige Bürgerhäuser, beschauliche Plätze, Grünanlagen und stattliche sakrale Bauwerke sind ein Garant für optische Abwechslung.

1472 wurde in Ingoldstadt die erste bayerische Universität gegründet und am 23. April 1516 das bayerische Reinheitsgebot erlassen, das älteste noch gültige Lebensmittelgesetz der Welt.

Anfang des 19. Jhs. entstand nach Plänen des klassizistischen Baumeisters Leo von Klenze der zum Teil noch erhaltenen Verteidigungswall aus Mauern und Bastionen, heute eine grüne, die Altstadt umschließende Oase. Aushängeschild Ingolstadts und wichtiger Arbeitgeber sind die Audi-Werke, deren Auslieferungszentrum im Norden auch als 🔊 *Kulturforum* dient.

➤ LOW BUDGET

➤ Eine ebenso originelle wie preiswerte Unterkunft ist die Jugendherberge von Ingolstadt in der ehemaligen Festungsanlage *Cavalier Zweibrücken. 84 Betten | Friedhofstr. 4 ½ | Tel. 0841/305 12 80 | www.ingolstadt.jugendherberge.de*

➤ Das Factory-Outlet-Center *Ingolstadt Village* im Industriegebiet an der Donau bietet auf etwa 10 000 m² internationale Mode- und Designermarken zu Fabrikpreisen an. *Otto-Hahn-Str. 1 | www.ingolstadtvillage.com*

◼ SEHENSWERTES ◼

AUDI-MUSEUM MOBILE

Im *Audiforum* stehen alte Vehikel neben modernsten Hightechkonstruktionen. *Tgl. 9–18 Uhr | Ettingerstr. | Eintritt 4 Euro | Tel. 0841/893 75 75 | www.audi.de/foren*

ICKSTATTHAUS

In der Ludwigsstraße ist eine gut erhaltene Barockfassade zu bewundern (1749). Das fünfstöckige Haus dahinter wurde entfernt. Freiherr von Ickstatt war im 18. Jh. ein berühmter Rechtsgelehrter. *Ludwigsstr. 5*

KIRCHE MARIA DE VICTORIA

Das barocke, perspektivische *Deckenfresko* von Cosmas Damian Asam ist mit 40 m Länge das größte der Welt. In der Sakristei erinnert die berühmte Prunkmonstranz (1708) des Augsburger Goldschmieds Johannes Zeckl an die Schlacht von Lepanto (1571). Von April bis Oktober findet jeden Sonntag um 12 Uhr in der Kirche die Konzertreihe *Orgelmatinee um zwölf* statt. *März–Okt. Di–So 9–12, 13–17, sonst 13–16 Uhr | Neubaustr. | Eintritt 2 Euro*

KREUZTOR

Das Stadttor mit seinen spitzen Turmhauben stammt aus dem 14. Jh. und war der westliche Stadteingang. *Kreuzstr.*

Das Kreuztor, Teil der ehemaligen Stadtmauer, ist das Wahrzeichen Ingolstadts

◼ ESSEN & TRINKEN ◼

LE CAFÉ ▶▶

Der Treff in der Innenstadt mit kleinen Gerichten, Salaten, Snacks und Tischen im Freien. *Schrannenstr. 1 | Tel. 0841/322 61 | €–€€*

KIK RESTAURANT IM KLENZEPARK

Schöne Lage in der historischen Wehranlage mit viel Grün und eine variationsreiche Speisekarte mit asiatischen, italienischen und bayerischen Gerichten und vielen Salaten. *Mo geschl. | Flankenbatterie 105 | Tel. 08 41/881 38 28 | €€*

◼ ÜBERNACHTEN ◼

BOARDINGHAUS VILLA VIKTORIA 🔊

Moderne, komfortable Apartments in der Altstadt, auch nächteweise buchbar. *Tränktorstr. 13 | Tel. 0841/ 96 51 50 | www.villa-viktoria.com | €€*

HOTEL RAPPENSBERGER

Ein freundlich geführtes und renoviertes Haus aus dem Jahr 1927. Im Hotelrestaurant wird auf hohem und sehr kreativem Niveau mit bayerischen Wurzeln gekocht. *71 Zi. | Haderstr. 3 | Tel. 0841/32 40 | Fax 31 42 00 | www.rappensberger.de | €€*

■ AM ABEND ■■■■■■■■
FRANKENSTEINTOUR

Frankenstein! Die englische Autorin Mary Shelley hat ihren weltberühmten Roman in Ingolstadt angesiedelt. Erleben Sie Gruselatmosphäre in abgedrehten Spelunken und gespenstischen Gassen. *Tel. 0841/95 19 99 60 | www.frankenstein-tours.de*

TAGTRAUM

Das kleine Künstlercafé unterhält abends mit wechselnden Ausstellungen und Kulturevents. *Mo geschl. | Paradeplatz 3 | Tel. 0841/132 30 12*

■ AUSKUNFT ■■■■■■■■
TOURIST INFORMATION

Rathausplatz 2 | Tel. 0841/305 30 30 | Fax 305 30 29 | www.ingolstadt-tourismus.de

■ ZIELE IN DER UMGEBUNG ■
DONAUDURCHBRUCH

In Deutschlands faszinierendstem Durchbruchstal, rund 30 km östlich von Ingolstadt, begegnen Ihnen zwischen *Kelheim* und *Weltenburg* schroffe, teils 70 m hoch in den Himmel ragende Felsformationen. Am Ende dieses Naturschauspiels erwartet Sie das *Kloster Weltenburg*. Die Benediktinerabtei rühmt sich, Bayerns älteste Klosteranlage zu sein. Schon im 8. Jh. soll hier Abt Eurasius eine erste Zelle gebaut haben. Die Künstlerfamilie Asam hat die gesamte Klosteranlage und die *Klosterkirche St. Georg* im Barock prachtvoll ausgestaltet.

Zur Kunst gesellen sich im *Klosterhof* kulinarische Genüsse bei einer herzhaften regionalen Brotzeit und einem kräftigen Schluck hausgemachten „Weltenburger Asambocks".

Von der Wittelsbacherstadt *Kelheim* aus können Sie den Donaudurchbruch bis zum Kloster Weltenburg auch per Schiff erleben. *Tgl. bis zu 17 Fahrten | Hin- und Rückfahrt 8 Euro | Tel. 09441/58 58 | www.schiffahrt-kelheim.de*

NEUBURG

Die ca. 20 km westlich von Ingolstadt an der Donau gelegene Renaissancestadt (28 000 Ew.) wurde 1505 zur Residenz des Herzogtums Pfalz-Neuburg. Erhalten blieb die *Oberstadt* mit ihrem geschlossenen Stadtbild und dem *Residenzschloss*. Die schlichte Schlosskapelle von 1537 gilt als älteste protestantische Betstätte Deutschlands. Sehenswert ist auch die Gemäldesammlung flämischer Barockmalerei in den Räumen des Schlosses *(Di–So, April–Sept. 9 bis 18, Okt.–März 10–16 Uhr | Eintritt 5 Euro)*. Jazzfans kennen in Neuburg nur ein Ziel, das ▶▶ *Birdland* und dessen Jam-Sessions an den Sommerwochenenden *(Am Karlsplatz A 52 | Tel. 08431/412 33 | www.birdland.de)*. Auskunft: Ottheinrichplatz A 118 | Tel. 08431/552 40 | Fax 552 42 | www.neuburg-donau.de*

> NATUR UND KULTUR HARMONISCH IN DUR

Gemächliche Entdeckungstouren für Landschafts- und Kunstliebhaber

Die Touren sind auf dem hinteren Umschlag und im Reiseatlas grün markiert

1 BAD TÖLZER SEEN- UND FLUSSRUNDE

Keine Tour für Kilometerfresser, sondern für Naturliebhaber. Gönnen Sie sich einen ganzen Tag für diese Rundfahrt (60 km), denn es lohnt sich an vielen Stellen, auszusteigen, spazieren zu gehen und bei gemütlicher Brotzeit zu rasten. Variante für Radwanderer: auf dem familienfreundlichen Isarradweg von Bad Tölz bis zum Sylvensteinsee und zurück (rund 50 km).

Bild: Klosterkirche Benediktbeuern

Nach einem Bummel durch **Bad Tölz** *(S. 56)* mit seinen stattlichen Bürgerhäusern geht es gen Osten über die B 472 in Richtung **Waakirchen**, einem kleinen, wenig besuchten Dorf wie aus dem Bilderbuch. Wahrzeichen ist sein stattlicher Zwiebelturm. Nach Süden hin ist der Blick frei auf die Alpenkette. Wenige Kilometer nach Waakirchen treffen Sie auf die Kreuzung mit der B 318. Hier biegen Sie rechts ab nach **Gmund** *(S. 67)*. In der

AUSFLÜGE & TOUREN

Stadt **Tegernsee** gönnen Sie sich einen Bummel auf der Seepromenade und unbedingt eine Einkehr ins **Herzogliche Bräustüberl** *(S. 66)*.

Südlich von Rottach-Egern mit seinen Firstclass-Hotels tauchen Sie ein in eine wildromantische Landschaft. Die Weißach entlang flussaufwärts fahren Sie auf der B 307 bis **Wildbad Kreuth**. Im 19. Jh. war diese entlegene Ansiedlung dank schwefelhaltiger Quellen eines der führenden europäischen Heilbäder. Heute ist Wildbad Kreuth bundesweit vor allem wegen politischer Klausurtagungen bekannt. Sonntags ist während des Gottesdienstes die *Heilig-Kreuz-Kapelle* geöffnet, die eine schöne frühbarocke Kreuzigungsgruppe besitzt. Am Ursprung der Heilquelle den Bachlauf am alten Bad aufwärts finden Sie das **Denkmal Max Josefs I**.

Mit dem Auto weiter in Richtung Westen bringt Sie die Deutsche Al-

Insider Tipp

penstraße zum Sylvensteinsee, dessen Umgebung eine Fülle an Wandermöglichkeiten bietet, zum Beispiel hinauf zur Röthenbachalm. Ein ganzes Dorf wurde hier geflutet, als

Besser kann man es als Kuh kaum haben

man den künstlichen See 1959 anlegte. Die B13 führt vom Sylvensteinsee in Richtung Norden. Die Isar abwärts vorbei an Lenggries erreichen Sie nach knapp 20 km wieder Ihren Ausgangspunkt Bad Tölz.

2 RADLTOUREN FÜR PEDALRITTER UND KUNSTFREUNDE

Vor hundert Jahren entdeckte die expressionistische Künstlervereinigung „Der Blaue Reiter" um Wassily Kandinsky, Franz Marc, Gabriele Münter und Paul Klee die Region zwischen Murnau und Kochel für sich. Die Routen auf ihren Spuren sind bis zu 54 km lang – sportliche Herausforderung und Augenweide zugleich.

So wird die Radltour zum Kunstgenuss mit Rallyereiz: Eine 2009 neu gestaltete Radl- und Kunstlandkarte *(gegen Gebühr bei der Touristeninfo Murnau oder unter www.blauer-reiter-murnau.de erhältlich)* zeigt Haltepunkte und Motivplätze der Expressionisten auf. Hier haben die Künstler jene Bilder gemalt, die heute Millionen wert sind. In der Karte sind die Gemälde, die an den jeweiligen Standorten entstanden sind, abgebildet. Außerdem sind die genauen Entfernungen, Bademöglichkeiten, Wirtshäuser, Aussichtspunkte und noch einige weitere Sehenswürdigkeiten gekennzeichnet, zu deren wichtigsten das Freilichtmuseum Glentleiten in Großweil, das Franz-Marc-Museum in Kochel, Kloster und Kirche Benediktbeuern gehören.

Route 1: Murnau – Murnauer Moos – Seehausen, 26 km
Ohne größere Steigungen führt der Weg von der Ortsmitte in das Naturschutzgebiet Murnauer Moos mit seiner vor allem im Frühjahr eindrucksvollen Flora. Schon kurz vor Mühlhabing kann man Gabriele Münters Bild „Der blaue See" mit dem Original vergleichen. Weiter geht's nach Grafenaschau und dann zurück an den hübschen, überdurchschnittlich warmen Staffelsee bis nach Seehausen-Rieden mit Bademöglichkeit. Entlang der Bahnlinie fahren Sie zurück zum Ausgangspunkt. Auf diesem letzten Streckenabschnitt passieren Sie mehrere berühmte Motive wie Gabriele

Münters 1908 gemalten „Blick aufs Murnauer Moos".

Route 2: Murnau – Riegsee – Aidlinger Höhe, 19 km

In leichtem Auf und Ab über **Froschhausen** und **Riegsee**, deren beide Kirchen Kandinsky zu exzessiven Farbspielen inspiriert haben. Auf dem weiteren Weg geht es zu schönen Aussichtspunkten mit Blick auf Deutschlands höchste Berge (Wettersteingebirge, Zugspitze), durch Wiesen und Wälder, zu Wirtshäusern und schließlich zur Ortsmitte zurück. Legen Sie bei **Perlach** einen Halt ein. Gabriele Münter inspirierte dieses Panorama zum 1934 gemalten „Blick aufs Gebirge".

Route 3: Murnau – Kochel – Sindelsdorf, 54 km

Die Route ist nur gut trainierten Radlern zu empfehlen und nimmt einen vollen Tag in Anspruch, denn es gibt hier besonders viel zu sehen und zu entdecken. Zunächst geht es südwärts in das hübsche Dorf **Ohlstadt** am Fuß des Heimgartens. Der Abstecher zum **Freilichtmuseum Glentleiten** *(S. 50)* braucht Zeit und will gut überlegt sein.

In Kochel lädt dann das **Franz-Marc-Museum** *(S. 60)* zur Kunstbetrachtung ein. In **Ried** – zugehörig zu **Benediktbeuern** *(S. 61)* – malte Paul Klee 1915 „Föhn im Marck'schen Garten" – vergleichen Sie es mit dem Original! Die Villa, in der das Ehepaar Marck wohnte, gibt es noch. In **Sindelsdorf**, wo Franz Marc ebenfalls mehrere Jahre gelebt hat, sind viele seiner großen Gemälde entstanden, darunter auch das berühmte Bild „Die gelbe Kuh". Die letzte Etappe von Sindelsdorf nach **Murnau** *(S. 48)*, an der **Höhlmühle** und am **Perlach** vorbei, sollte man nicht unterschätzen. Wenn die Beine müde sind, kann sie sich arg in die Länge ziehen!

Südlich von Lenggries wird die Isar zum Sylvensteinsee künstlich aufgestaut

EIN TAG IN OBERBAYERN

Action pur und einmalige Erlebnisse.
Gehen Sie auf Tour mit unserem Szene-Scout

MORGENS AUF DEM SEE

8:00

Der Tag startet romantisch. Im Restaurant & Café *Strandbad Forster* gleichzeitig Frühstück und Ruderboot ordern. Mitten auf dem Ammersee schmecken die Brötchen noch besser als sonst, und die ersten Sonnenstrahlen kitzeln wohltuend auf der Haut.

WO? *Seestr. 4, Schondorf | Tel. 08192/83 44 | Kosten Ruderboot: 4 Euro/Std.*

9:30

KUNSTHUNGER

Frisch gestärkt geht es weiter nach Dießen, das seit jeher das Kunsthandwerk pflegt. Den geistigen Hunger stillt man einfach im Kunstpavillon, wo regionale Künstler ihre Werke der Öffentlichkeit zugänglich machen. **WO?** *Pavillon am See, Seestr. 30, Dießen | Tel. 08807/84 00 | www.diessener-kunst.de*

ENTERN, NICHT KENTERN!

11:00

Jetzt kommen wasserscheue Hobbypiraten auf ihre Kosten! Das Piratenschiff des *Hochseilgartens Ammersee* liegt knochentrocken im Dock und lädt mit waghalsigen Klettertouren auf Mast und Planken. **WO?** *Fahrmannsbachstr. 2, Utting am Ammersee | Kosten: 25 Euro | www.hochseilgarten-ammersee.de*

13:00

ÖKO-LUNCH

Nach den körperlichen Anstrengungen schreit der Magen nach Aufmerksamkeit. Diese bekommt er im *Kult.Café*.

Küchenchef Michael Schmidt – früher Mitglied der „United Cooks of Nature" bzw. der „Bio-Spitzenköche" – kredenzt seinen Gästen internationale SchmankerIn, für die er vorwiegend Bioprodukte verwendet. **WO?** *Prinz-Ludwig-Str. 23, Dießen am Ammersee | Tel. 08807/21 49 93 | www.kultcafe-diessen.de*

24 h

BLICK HINTER DIE STALLTÜR

15:00

Wer nur Kühe kennt, die lila sind, wird auf *Gut Kerschlach* Augen machen. Bei einer Hofführung erfährt man alles über artgerechte Tierhaltung, Biolandwirtschaft und Produktionsabläufe. Hier wird jedem schnell klar, dass Hightech und Landwirtschaft Hand in Hand gehen können. Interessant! **WO?** *Pähl, Gut Kerschlach 1 | Anmeldung eine Woche vorher unter Tel. 08808/ 921 10 | Kosten: 75 Euro | www.gut-kerschlach.de*

KUTSCHFAHRT

17:30

Rasant oder romantisch – das klärt jeder selbst mit dem Kutscher. Vor die Kutsche sind nicht irgendwelche Pferde gespannt, sondern die größten Rassepferde der Welt. Shires! **WO?** *Shire-Hof, Robert Mittelmeier, Tritschenkreut, Peißenberg | Anmeldung eine Woche vorher unter Tel. 08803/ 42 89 oder per Mail: shiremeier@aol.com | Kosten ca. 25 Euro/ Pferd/Std. | www.ammersee-region.de/shire-peissenberg.php*

DEFTIG

19:30

Frische Luft ist gesund und macht vor allem Appetit! Beim Abendessen wird's traditionell: Im typisch bayerischen Gasthof *Zur Mühle* lässt man sich Schweinsbraten und Knödel schmecken. Auch Wildfans kommen hier auf ihre Kosten. **WO?** *Hauptstr. 96, Huglfing | Tel. 08802/81 35 | www.zur-moosmuehle.de*

VOLLGAS!

23:00

Mit 100 PS in die Partynacht starten. Coole Drinks und heiße Beats aus den aktuellen Charts lassen die Hütte brennen. Vor allem samstags ist das Schongauer Partyvolk kaum zu bremsen! **WO?** *Diskothek PS, Lechau-West 4, Schongau | Tel. 08861/256 23 84 | www.discothek-ps.com*

> BERGE, WÄLDER UND SEEN

Oberbayern ist ein Sportlerparadies, hier finden Sie Abenteuer und Entspannung

> **Extremsportler oder Faulenzer – in Oberbayern findet jeder Gast seinen persönlichen Rhythmus für sportliche Aktivitäten: vom Freeclimbing bis zum stressfreien Walken durch Blumenwiesen.**
Segeln und Bootfahren auf den Seen, Kanuwandern durchs Altmühltal oder rasantes Rafting in Gebirgsflüssen, Mountainbike-Abenteuer oder gemütlicher Radlspaß, Genusswandern, Rennrodeln oder ein Flug mit dem Gleitschirm – es gibt kaum eine

Sportart, die Sie in diesem Freizeitparadies nicht ausüben oder ausprobieren können.

■ ANGELN

Renken, Hechte, Forellen und Huchen aus glasklarem Wasser – Oberbayerns Flüsse und Seen bieten Petrijüngern abwechslungsreiche Standplätze. Besonders beliebt ist die *Lechstaustufe* bei Schongau. *www.angeln-bayern.de*

Bild: Surfer am Chiemsee

SPORT &
AKTIVITÄTEN

■ BALLONFAHRTEN

Hoch über Seen, Städten und Wäldern im Ballonkorb dahinschweben: das Voralpenland aus der Vogelperspektive. Nicht ganz billig (145–189 Euro/Pers.), aber Genuss und Abenteuer in einem. Startplätze gibt es im Starnberger Fünf-Seen-Land, am Tegernsee und am Chiemsee. *Blue Planet Ballooning | Keltenring 4 | Egmating | Tel. 08095/87 27 95 | www.blue planet-ballonfahrten.de*

■ BERGSTEIGEN & WANDERN

Nicht nur wegen *Zugspitze* und *Watzmann* haben Bergsteigen und Klettern in der Alpenregion eine lange Tradition. Der Raum *Garmisch-Partenkirchen* bietet Felswände aller Schwierigkeitsgrade und viele Hundert Kilometer Wanderwege. Freeclimber kommen ebenso auf ihre Kosten wie Familien auf der abgesicherten Almwanderung. *Infos: Kur-*

und Ferienland Garmisch-Partenkirchen | Tel. 08821/18 04 84 | Fax 18 04 85 | www.garmisch-partenkirchen.de

Wer extreme Abenteuer in den oberbayerischen Bergen, Flüssen und Seen sucht, wird unter der folgenden Adresse interessante Angebote finden: Bergschule Wittmann | Mittenwald | Tel. 08823/58 56 | www.bergschule-wittmann.de

Sie können Oberbayern herrlich auf zwei Fernwanderwegen durchkreuzen: auf dem Prälatenweg von Steingaden bis Kochel oder auf der klassischen König-Ludwig-Route von Starnberg bis Füssen. Alle Infos über den Tourismusverband Pfaffenwinkel | Tel. 08861/77 73 | www.pfaffenwinkel.com oder den Tourismusverband Starnberger Fünf-Seen-Land | Wittelsbacherstr. 2c | Tel. 08151/906 00 | Fax 90 60 90 | www.sta5.de

Insider Tipp Mutige kommen in Deutschlands höchstem *Hochseilgarten* auf ihre Kosten. Sie können auf einem 9 m hohen Baumstamm balancieren und in die Tiefe springen, in Seilen über dem Abgrund hängen oder die 8 m hohe Kletterwand erobern. Hochseilgarten Bad Reichenhall | Tel. 08651/40 09 | www.klettergarten.de

■ CANYONING & RAFTING

Für den wilden Wasserspaß ist die Isar besonders gut geeignet. Hydro Alpin heißt die Wassersport- und Kletterschule in Lenggries, die neben Canyoning und Rafting auch Eisklettern und Kajakkurse anbietet. Hydro Alpin, Bergschule und Eventagentur | Tel. 08042/985 31 | www.hydroalpin.de

■ FALLSCHIRM & HANGGLEITER

Das Brauneck im Isartal ist ein bestens geeigneter Berg, um sich in die Lüfte zu erheben. An der Talstation der Brauneckbahn bei Lenggries (Talstation Lenggries | Tel. 08042/94 86 | www.adventure-sports.de) bietet die Flugschule adventure sports Kurse mit diversen Fluggeräten an.

■ GOLF

Eingebettet in die hügelige Landschaft des Voralpenlandes, locken rund um den Starnberger See acht der schönsten Golfanlagen Deutschlands. Eine Pauschalschnupperwoche für die Golfplätze zwischen Bad Tölz und Bernbeuren kostet ca. 320 Euro. Starnberger Fünf-Seen-Land | Wittelsbacherstr. 2c | Starnberg | Tel. 08151/906 00 | Fax 90 60 90 | www.sta5.de, www.golf-region.de

■ KANUWANDERN

Die sicherlich entspanntesten Kanutouren können Sie im Altmühltal unternehmen. Geführte Touren und Bootsverleih bietet in Eichstätt Kanuuh (Am Graben 22 | Tel. 08421/93 58 55 | www.kanuuh.de).

■ MOUNTAINBIKING

Die schönsten und schwersten Strecken finden sich im Raum Berchtesgaden und Garmisch-Partenkirchen. Hier z. B. die „Ochsentour" auf den Wank. Höhenunterschied 850 m und teilweise knackige Steigungen bis zu 26 Prozent. Start ist der Parkplatz der Wankbahn bei Partenkirchen, lohnendes Ziel die Esterbergalm mit guter Einkehrmöglichkeit. Verkehrsamt

SPORT & AKTIVITÄTEN

Farchant | Am Gern 1 | Farchant | Tel. 08821/96 16 96 | *www.zugspitz land.de*

RODELN

Die beliebte ⭐ *Blombergbahn (bei trockenem Wetter 9–18 Uhr | Eintritt 2,50–3,50 Euro | www.blomberg bahn.de)* ist mit 1286 m Bahnlänge und einem Höhenunterschied von 220 m die längste Sommerrodelbahn Deutschlands und bietet mit 17 Steilkurven und über 40 Schikanen eine abwechslungsreiche Abfahrt. Mit einer Doppelsesselbahn können Sie bequem zum Startplatz fahren.

Den großen Adrenalinkick versprechen die Piloten der *Königsseer Bobbahn* bei der rasenden Fahrt durch den Eiskanal ihren Passagieren. Zu buchen bei *www.rennbob taxi.de.*

WINDSURFEN

Surferparadiese sind *Sylvensteinstausee* und der *Walchensee* über Kochel mit kräftigen Fallwinden. Kurse und Boards bei *Wassersport Total Walchensee-Einsiedl (Tel. 08858/745 | www.bigjump.de).*

WINTERSPORT

Internationale Alpinskizentren gibt es in *Garmisch-Partenkirchen* und *Berchtesgaden*, Naturrodelbahnen in Unterammergau und am *Wallberg* (6,5 km lang) im Tegernseegebiet, gut präparierte Langlaufloipen im *Graswangtal* bei Ettal und im Raum *Ruhpolding/Reit im Winkl*. Snowboarder finden in den meisten Skigebieten bestens präparierte Funparks. Saison-Höhepunkt ist das ▶▶ *Freestyle-Camp Spring in the Park* auf der Zugspitze *(www.zugspitze.de)*.

Im Kampf gegen das reißende Wasser: Wildwasserfahrt auf dem Inn

> FERIENSPASS AUF DER ALM WIE IM BERGWERK

Oberbayern trumpft mit atemberaubenden Ausflügen, wilden Wasserwelten und aufregenden Abenteuern auf

> Familien besonders herzlich willkommen! – heißt es in Oberbayern landauf, landab. Der besondere Reiz der Region liegt in der Bandbreite der Urlaubsgestaltung: Märchenwald, Bergbau- und Freilichtmuseum, kinderleichte Bergwanderungen, Abenteuer und Badespaß an vielen Flüssen und Seen sowie familiengerecht aufbereitete Ausstellungen.

Beliebt ist hier auch der Urlaub auf dem Bauernhof: mittendrin in Hof und Stall bei Pferden, Kühen, Hühnern, Katzen und Hunden, mit dabei bei der Heu- oder Kartoffelernte, mit am Tisch bei der Bauernfamilie zur deftigen Brotzeit und zum „Ratsch", zur Plauderstunde mit Groß und Klein *(www.bauernhof-urlaub.com)*.

STARNBERGER FÜNF-SEEN-LAND

WASSERWELT WARTAWEIL [118 B2]
Die Gemeinde Wartaweil am Ammersee ist Ausgangspunkt für die

Bild: Fingerhakeln beim Gautrachtenfest

MIT KINDERN REISEN

ganze Familie, wenn es darum geht, spielerisch die ökologischen Zusammenhänge im Lebensraum Wasser zu erforschen. Bei Tagesanbruch geht die Fahrt mit dem Boot hinaus auf den Ammersee. Mit Angel und Fischernetz werden Forellen, Aale, Renken und Saiblinge gefangen. Der Fischermeister erklärt dabei Fischarten, Fangmöglichkeiten und Lebensweise der Tiere. Dann geht die Fahrt weiter zum Wasserpavillon Warta-

weil. Ein Biologe erzählt Wissenswertes vom Ammersee und erklärt ökologische Besonderheiten. Bei einer Schnitzeljagd am Seeufer können alle Teilnehmer dann Vögel und Pflanzen selbst bestimmen. Als Belohnung und Höhepunkt des Tages: Fischgrillen am Lagerfeuer oder im Jugendzentrum. *Preis für das 6-stündige Programm pro Kind 30 Euro, Familienkarte 70 Euro. Termine auf Anfrage: Tourist Information Herr-*

sching | Bahnhofsplatz 3 | Tel. 08152/ 52 27 | *www.herrsching.de*

SCHONGAUER MÄRCHENWALD [118 A3]

Im Schongauer Märchenwald führen Spazierwege zu kleinen, liebevoll eingerichteten Häuschen. Auf Knopfdruck erzählen mechanisch bewegte Puppen die bekanntesten Märchen der Brüder Grimm. Eine Oldtimer-Kindereisenbahn zieht ihre Runden. Einheimische und exotische Tiere warten auf die kleinen und großen Besucher. *Saisonal sehr unterschiedliche Öffnungszeiten | Anfahrt zwischen Schongau und Peiting beschildert | Eintritt Erwachsene 4,50, Kinder 4 Euro | www.schongauer-maerchenwald.de*

Insider Tipp

ZUGSPITZREGION

HAUPT- UND LANDGESTÜT SCHWAIGANGER [118 C4]

Im Haupt- und Landgestüt Schwaiganger nahe Ohlstadt werden Reit- und Freizeitpferde gezüchtet: Warmblut, Kaltblut und Haflinger. So manches Reit- oder Springpferd aus diesen Ställen hat es schon zu internationalen Meistertiteln gebracht. Für alle Pferdefreunde ein Genuss, diese mächtigen, prächtigen Tiere hautnah zu erleben. *Führungen Mai–Mitte Okt. Di–Do 13.30 und 15 Uhr | Erwachsene 2 Euro, Kinder bis 14 Jahre frei | Tel. 08841/61 36 66*

RUND UM DEN TEGERNSEE

DENKALM BEI LENGGRIES [119 D4]

Kinderleicht im wahren Wortsinn, die Familienwanderung zur Denkalm bei Lenggries. Keine Stunde dauert der Aufstieg zur 980 m hoch gelegenen Alm. Kurze Steilanstiege wechseln sich mit flachen Wegpassagen ab. Rastbänke laden zum Verschnaufen ein. Vielfach ist die Belohnung für die kleinen Wanderer am Ziel: Hasenstall und Ziegengehege sind besonderer Anziehungspunkt, und auf der Sonnenterrasse an der Denkhütte schmeckt die riesige Portion Kaiserschmarrn besonders gut – eine hiesige Spezialität, die Sie sich nicht entgehen lassen sollten. *Do–Di Start am Wanderparkplatz Lenggries, Aufstieg eine gute halbe Stunde | Tel. 08042/27 70*

Insider Tipp

RADELN AN DER MANGFALL [119 E4]

Von Gmund am Tegernsee aus gräbt sich der erst fröhlich dahinspringende Bach tiefer und tiefer sein Bett in Richtung Norden. Später weitet er sich zum Fluss, der so sauber ist, dass er vielen Menschen in München ihr Trinkwasser liefert. Hier in der Wald- und Hügellandschaft eröffnet sich eine prächtige Naturkulisse für kleine und große Abenteurer. Familienradwandern mit hohem Spaßfaktor. Während der Radlpausen lassen Kinder selbst gebastelte Holzflöße auf den Flusswellen schaukeln. Papa und Mama stecken heiß geradelte Füße ins kalte Nass. Und weil auch der Radlweg durch das Mangfalltal ein Ziel braucht, empfielt sich die Einkehr im Wirtshaus *Gotzinger Trommel (Tel. 08020/17 28 | www. weyarn.de | €–€€).*

Insider Tipp

DER CHIEMGAU

ZURÜCK IN DIE STEINZEIT [121 D3]

Leben wie die Familien Feuerstein und Geröllheimer. Ferienfamilienleben im mehrfach ausgezeichneten Steinzeitdorf Siegsdorf. Funken schlagen mit Feuersteinen, jagen mit Speerschleuder und Pfeil und Bogen, Amulette schnitzen am flackernden Lagerfeuer. Angeboten werden Tages- und Wochenarrangements für die ganze Familie. *Buchbar über Tourist-Information Siegsdorf | Tel. 08662/49 87 48 | www.siegsdorf.de*

◼ BERCHTESGADENER LAND ◼
SALZZEITREISE/SALZBERGWERK
BERCHTESGADEN ★   [121 F5]

Für viele die größte Attraktion von Berchtesgaden. Der Eingang ist unterhalb des Ortes jenseits der Berchtesgadener Ache. In traditioneller Bergmannskluft (wird vor Ort verliehen) fährt man per Feldbahn in den Stollen ein, überquert mit dem Floß einen dunklen, funkelnden Salzsee, gleitet auf einer Rutsche ins tiefere Geschoss hinab und bekommt außer

der „Action" viele interessante Infos über den Salzbergbau. *Mai–15. Okt. tgl. 9–17, 16. Okt.–April tgl. 11.30 bis 15 Uhr | Bergwerkstr. 83 | Erwachsene 14 Euro, Kinder 9 Euro | www. salzzeitreise.de (online-Tickets!)*

◼ NÖRDLICHES OBERBAYERN ◼
KLETTERPARADIES   [115 D1]

Während die Kleinsten im *Weißen Parcours* spielend das Klettern üben, schwingen sich ältere Kinder mit Mut und Erfahrung im *Waldhochseilgarten* von Wipfel zu Wipfel. Im *Altmühltaler Abenteuerpark* wird für jedes Geschick eine Herausforderung geboten. *April–Mitte Nov. wechselnde Öffnungszeiten, verzeichnet auf www.altmuehltaler-abenteuerpark.de | Bräuhausstr. 36, Beilngries | Tel. 08461/60 29 90 | Erwachsene ab 21,50 Euro, Kinder 15 Euro*

Wer hoch hinauf ins Karwendelgebirge klettert, wird mit einer tollen Aussicht belohnt

> VON ANREISE BIS WETTER

Urlaub von Anfang bis Ende: die wichtigsten Adressen und Informationen für Ihre Reise nach Oberbayern

ANREISE

Im Westen liegt der Flughafen im schwäbischen Augsburg *(www.augsburg-airport.de)*, nur 60 km von München entfernt, zentral der Flughafen München im Erdinger Moos *(www.munich-airport.de)* und im Osten der Salzburger Flughafen *(www.salzburg-airport.com)*, idealer Landepunkt für Ferien im Chiemgau.

Bahngäste können ab Landesgrenze mit bayerischen Sondertickets fahren, die weit unter Tarif liegen. Besonders günstig ist das *Bayernticket,* ein Pauschalangebot für die ganze Familie *(www.bayern-takt.de)*.

Die wichtigsten Autobahnen sind die A 9 Nürnberg–München, die A 8 Richtung Salzburg, die A 95 Richtung Garmisch und die A 96 aus Schwaben nach Oberbayern.

AUSKUNFT

TOURISMUSVERBAND MÜNCHEN-OBERBAYERN

Radolfzeller Str. 15 | 81243 München | Postfach 60 03 20 | 81203 München | Tel. 089/829 21 80 | Prospekt-Tel. (Anrufbeantworter) 82 92 18 30 | Fax 82 92 18 28 | touristinfo@oberbayern-tourismus.de | www.oberbayern-tourismus.de

DEUTSCHER ALPENVEREIN

In Oberbayern ist der DAV stark vertreten. Ihm sind der Bau zahlreicher

Schutzhütten (in den oberbayerischen Bergen allein 60) und die Anlage eines dichten Wegenetzes zu verdanken. Die *DAV-Zentrale in München (Von-Kahr-Str. 2–4 | 80997 München)* hat zwei telefonische Auskunftsdienste eingerichtet: Unter *089/29 49 40* werden alpine Auskünfte aller Art, z.B. auch ein Lawinenlagebericht, erteilt; unter *089/29 50 70* wird der aktuelle Alpenwetterbericht durchgegeben.

FAHRRAD AM BAHNHOF

Leihfahrräder bietet die Deutsche Bahn AG unter anderem an folgenden Bahnhöfen an: In Bayrischzell, Dießen, Bad Endorf, Garmisch-Partenkirchen, Holzkirchen, Kochel, Lenggries, München, Murnau, Prien, Bad Reichenhall, Tegernsee. *Informationen unter der Hotline: Tel. 01805/99 66 33 | www.bahn.de*

GRENZÜBERGÄNGE

Trotz der Lockerung der Grenzbestimmungen empfiehlt es sich, bei Grenzübertritten – auch Wanderungen – einen Personalausweis mitzuführen. Man vermeidet damit möglichen Ärger. Schleierfahnder sind nach der europäischen Osterweiterung sehr aktiv.

INTERNET

Die besten Websites Oberbayerns: *www.oberbayern-tourismus.de:* Urlaubsinfos von A bis Z

www.bayern.by: Infos zu allen Urlaubsthemen
www.schloesser.bayern.de: alle Herrschaftshäuser und Prunkgärten
www.zugspitze.de: alles rund um Deutschlands höchsten Berg
www.oberbayern-winter.de: Reise-

WAS KOSTET WIE VIEL?

> **KAFFEE** — **5 EURO** für ein Kännchen Kaffee

> **BIER** — **3–4 EURO** für einen halben Liter

> **BROTZEIT** — **6–9 EURO** für eine Wurst- oder Käseplatte

> **SOUVENIR** — **4 EURO** für einen 1-Liter-Maßkrug

> **MIETE** — **10–18 EURO** Fahrradmiete pro Tag

> **TAXI** — **2–4 EURO** pro Kilometer

infos fürs Winterhalbjahr, aber auch zum Frühling und Herbst sowie Informatives zu Brauchtum und Festen
www.bezirk-oberbayern.de: Infos zu politischen, wirtschaftlichen und sozialen Themen
www.rvo-bus.de: Fahrpläne der Regionalbusse

INTERNETCAFÉS

– *Garmisch-Partenkirchen: Monte Puccino* | *Hindenburgerstr. 30* | *www.gapinfo.de*
– *Landsberg: Indra Internetcafé* | *Graf-Zeppelin-Str. 20*
– *Schongau: Internet im Hof* | *Münzstr. 5*
– *Starnberg: Fischhaber* | *Emslanderstr. 2* | *www.fischhaber.de*
– *Rosenheim: Cyberb@r* | *Münchner Str. 12*
– *Rottach-Egern: Billard World* | *Südliche Hauptstr. 4* | *www.billardworld.com*

JUGENDHERBERGEN

In den gut 20 oberbayerischen Jugendherbergen werden Erwachsene ab dem 27. Lebensjahr nur dann aufgenommen, wenn die Betten nicht durch jüngere Besucher belegt sind. Dies gilt nicht für Jugendleiter und Vereinsmitglieder. *Weitere Informationen unter: Deutsches Jugendherbergswerk* | *Landesverband Bayern* | *Mauerkircherstr. 5* | *81679 München* | *Tel. 089/922 09 80* | *www.jugendherberge.de*

NOTRUF

Alpines Notsignal: In einer Minute sechs Zeichen, akustisch oder optisch, in möglichst regelmäßigen Abständen; eine Minute auf Antwort warten, dann wieder sechs Zeichen in der Minute. Die Antwort besteht aus drei in gleichen Abständen pro Minute gegebenen Zeichen.
Polizei und Krankenwagen: 110
Feuerwehr: 112
Rettungsleitstellen: 192 22
Bergwacht: 089/29 50 70
Frauennotruf: 089/76 37 37
Katastrophenschutz: 089/23 80 61
Umwelttelefon: 089/233 66 66

OBERBAYERN CARD

Die neue Chipkarte der Oberbayern Card *(Preis: 28–62 Euro)* bietet Verbilligungen für über 100 Attraktionen und Ausflugsziele. Von A wie Ayinger Erlebnisbrauerei bis Z wie Zugspitzbahn. Je nach Kartenkategorie

WETTER IN BAD TÖLZ

	Jan.	Feb.	März	April	Mai	Juni	Juli	Aug.	Sept.	Okt.	Nov.	Dez.
	2	4	9	13	17	21	23	22	19	13	7	3
Tagestemperaturen in ºC												
	–6	–5	–2	3	6	10	12	12	9	4	0	–4
Nachttemperaturen in ºC												
	3	3	5	6	6	6	7	7	5	5	3	2
Sonnenschein Std./Tag												
	16	15	15	16	17	19	18	18	14	13	14	15
Niederschlag Tage/Monat												

PRAKTISCHE HINWEISE

lassen sich 30–40 Euro sparen. *Tourismusmusverband Oberbayern | www.oberbayern-card.de*

PREISE

Beste Vergleichsmöglichkeit in oberbayerischen Wirtschaften ist immer noch die Schweinsbratenwährung. Während eine alteingesessene Wirtschaft für Schweinsbraten mit Knödel und Kraut nicht mehr als 7 Euro verlangt, müssen Sie in modernmondänen bayerischen Wirtshäusern für den Schweinsbraten gut 10 Euro hinlegen. Der höhere Preis steht aber nicht immer für bessere Qualität.

Preiswert sind immer noch die Zimmer in Privatpensionen. Seit immer mehr Wander- und Radtouristen in Oberbayern unterwegs sind, gibt es auch keine Probleme mehr, Bett und Frühstück für eine Nacht zu bekommen. Preise für Ferienwohnungen 45–80 Euro.

Lohnend ist es auf alle Fälle, im kleinen Krämerladen einzukaufen. Das ist zwar nicht so billig wie im Supermarkt, aber dafür bekommen Sie dort so manchen lokalen Geheimtipp als kostenlose Beigabe.

STURMWARNUNG

Achtung! Bitte nehmen Sie die Warnsignale absolut ernst. In den letzten Jahren wurden die optischen und akustischen Warnsysteme an vielen Seen verbessert und erweitert (Sirenen- und Leuchtsignale). Besonders gefährlich: überraschende Fallwinde am Alpenrand.

TAXI

Handeln Sie! Gerade wenn Sie weitere Strecken mit dem Taxi fahren wollen, handeln Sie ruhig einen Festpreis aus! Taxifahrer sind oft grandiose Reiseführer durchs Voralpenland.

TELEFON & HANDY

Auch in Oberbayern kann man öffentlich fast nur noch mit Karten telefonieren. Für das Telefonieren mit dem Handy gilt: Je näher Sie an die Alpen kommen, umso größer werden in den Talregionen die Funklöcher. In Raum Tegernsee-Schliersee-Bayrischzell und westlich des Staffelsees bei Uffing bis hinein in das Ammertal wird Ihr Handy immer wieder aussetzen.

WANDER- & RADKARTEN

Die oberbayerischen Wandergebiete bildet das Kartenwerk der Kompass-Wanderkarten *(www.kompass.de)* im Maßstab 1:50 000, einige Blätter auch 1:25 000 ab. Wander- und Fahrradwege sind darin deutlich markiert, im Beiheft finden sich Beschreibungen der wichtigsten Orte und Sehenswürdigkeiten.

Das vom Deutschen Alpenverein herausgegebene Kartenwerk, die meisten Blätter ebenfalls im Maßstab 1:50 000, deckt nicht alle Regionen ab, ist aber bei anspruchsvollen Berg- oder Klettersteigtouren zu empfehlen *(www.dav.de)*.

Aktuelle Fahrradkarten im Maßstab 1:150 000 sind beim Allgemeinen Deutschen Fahrradclub erhältlich *(www.adfc.de)*.

Akribische Beschreibungen der bayerischen Flüsse und Seen liefert der vom deutschen Kanuverband herausgegebene *Kanu-Wanderführer für Bayern (www.kanu.de)*.

Blick über den Riegsee auf Murnau

> ## UNTERWEGS IN OBERBAYERN

Die Seiteneinteilung für den Reiseatlas finden Sie auf
dem hinteren Umschlag dieses Reiseführers

REISE
ATLAS

Autobahn mit Anschlussstellen Motorway with junctions	
Autobahn in Bau Motorway under construction	
Mautstelle Toll station	
Raststätte mit Übernachtung Roadside restaurant and hotel	
Raststätte Roadside restaurant	
Tankstelle Filling-station	
Autobahnähnliche Schnell- straße mit Anschlussstelle Dual carriage-way with motorway characteristics with junction	
Fernverkehrsstraße Trunk road	
Durchgangsstraße Thoroughfare	
Wichtige Hauptstraße Important main road	
Hauptstraße Main road	
Nebenstraße Secondary road	
Eisenbahn Railway	
Autozug-Terminal Car-loading terminal	
Zahnradbahn Mountain railway	
Kabinenschwebebahn Aerial cableway	
Eisenbahnfähre Railway ferry	
Autofähre Car ferry	
Schifffahrtslinie Shipping route	
Landschaftlich besonders schöne Strecke Route with beautiful scenery	
Touristenstraße Tourist route	Alleenstr.
Wintersperre Closure in winter	XI-V
Straße für Kfz gesperrt Road closed to motor traffic	
Bedeutende Steigungen Important gradients	8%
Für Wohnwagen nicht empfehlenswert Not recommended for caravans	
Für Wohnwagen gesperrt Closed for caravans	

Wartenstein Umbalfälle	Sehenswert: Kultur - Natur Of interest: culture - nature
	Badestrand Bathing beach
	Besonders schöner Ausblick Important panoramic view
	Ausflüge & Touren Excursions & tours
	Nationalpark, Naturpark National park, nature park
	Sperrgebiet Prohibited area
	Kirche Church
	Kloster Monastery
	Schloss, Burg Palace, castle
	Moschee Mosque
	Ruinen Ruins
	Leuchtturm Lighthouse
	Turm Tower
	Höhle Cave
	Ausgrabungsstätte Archaeological excavation
	Jugendherberge Youth hostel
	Allein stehendes Hotel Isolated hotel
	Berghütte Refuge
	Campingplatz Camping site
	Flughafen Airport
	Regionalflughafen Regional airport
	Flugplatz Airfield
	Staatsgrenze National boundary
	Verwaltungsgrenze Administrative boundary
	Grenzkontrollstelle Check-point
	Grenzkontrollstelle mit Beschränkung Check-point with restrictions
BERLIN	Hauptstadt Capital
MÜNCHEN	Verwaltungssitz Seat of the administration

FÜR IHRE NÄCHSTE REISE

gibt es folgende MARCO POLO Titel:

DEUTSCHLAND
Allgäu
Amrum/Föhr
Bayerischer Wald
Berlin
Bodensee
Chiemgau/Berchtes-
    gadener Land
Dresden/Sächsische
    Schweiz
Düsseldorf
Eifel
Erzgebirge/Vogtland
Franken
Frankfurt
Hamburg
Harz
Heidelberg
Köln
Lausitz/Spreewald/
    Zittauer Gebirge
Leipzig
Lüneburger Heide/
    Wendland
Mark Brandenburg
Mecklenburgische
    Seenplatte
Mosel
München
Nordseeküste
    Schleswig-
    Holstein
Oberbayern
Ostfriesische Inseln
Ostfriesland/
    Nordseeküste
    Niedersachsen/
    Helgoland
Ostseeküste
    Mecklenburg-
    Vorpommern
Ostseeküste
    Schleswig-
    Holstein
Pfalz
Potsdam
Rheingau/
    Wiesbaden
Rügen/Hiddensee/
    Stralsund
Ruhrgebiet
Schwäbische Alb
Schwarzwald
Stuttgart
Sylt
Thüringen
Usedom
Weimar

ÖSTERREICH | SCHWEIZ
Berner Oberland/
    Bern
Kärnten
Österreich
Salzburger Land
Schweiz
Tessin
Tirol
Wien
Zürich

FRANKREICH
Bretagne
Burgund
Côte d'Azur/Monaco
Elsass
Frankreich
Französische
    Atlantikküste
Korsika
Languedoc-Roussillon
Loire-Tal
Nizza/Antibes/Cannes/
    Monaco
Normandie
Paris
Provence

ITALIEN | MALTA
Apulien
Capri
Dolomiten
Elba/Toskanischer
    Archipel
Emilia-Romagna
Florenz
Gardasee
Golf von Neapel
Ischia
Italien
Italienische Adria
Italien Nord
Italien Süd
Kalabrien
Ligurien/
    Cinque Terre
Mailand/Lombardei
Malta/Gozo
Oberital. Seen
Piemont/Turin
Rom
Sardinien
Sizilien/
    Liparische Inseln
Südtirol
Toskana
Umbrien
Venedig
Venetien/Friaul

SPANIEN | PORTUGAL
Algarve
Andalusien
Barcelona
Baskenland/Bilbao
Costa Blanca
Costa Brava
Costa del Sol/Granada
Fuerteventura
Gran Canaria
Ibiza/Formentera
Jakobsweg/Spanien
La Gomera/El Hierro
Lanzarote
La Palma
Lissabon
Madeira
Madrid
Mallorca
Menorca
Portugal
Sevilla
Spanien
Teneriffa

NORDEUROPA
Bornholm
Dänemark
Finnland
Island
Kopenhagen
Norwegen
Schweden
Stockholm
Südschweden

WESTEUROPA | BENELUX
Amsterdam
Brüssel
Dublin
England
Flandern
Irland
Kanalinseln
London
Luxemburg
Niederlande
Niederländische
    Küste
Schottland
Südengland

OSTEUROPA
Baltikum
Budapest
Estland
Kaliningrader Gebiet
Lettland
Litauen/Kurische
    Nehrung
Masurische Seen
Moskau
Plattensee
Polen
Polnische Ostsee-
    küste/Danzig
Prag
Riesengebirge
Russland
Slowakei
St. Petersburg
Tallinn
Tschechien
Ungarn
Warschau

SÜDOSTEUROPA
Bulgarien
Bulgarische
    Schwarzmeerküste
Kroatische Küste/
    Dalmatien
Kroatische Küste/
    Istrien/Kvarner
Montenegro
Rumänien
Slowenien

GRIECHENLAND | TÜRKEI | ZYPERN
Athen
Chalkidiki
Griechenland
    Festland
Griechische
    Inseln/Ägäis
Istanbul
Korfu
Kos
Kreta
Peloponnes
Rhodos
Samos
Santorin
Türkei
Türkische Südküste
Türkische Westküste
Zakinthos
Zypern

NORDAMERIKA
Alaska
Chicago und
    die Großen Seen
Florida
Hawaii
Kalifornien
Kanada
Kanada Ost
Kanada West
Las Vegas
Los Angeles
New York
San Francisco
USA
USA Neuengland/
    Long Island
USA Ost
USA Südstaaten/
    New Orleans
USA Südwest
USA West
Washington D.C.

MITTEL- UND SÜDAMERIKA
Argentinien
Brasilien
Chile
Costa Rica
Dominikanische
    Republik
Jamaika
Karibik/
    Große Antillen
Karibik/
    Kleine Antillen
Kuba
Mexiko
Peru/Bolivien
Venezuela
Yucatán

AFRIKA | VORDERER ORIENT
Ägypten
Djerba/
    Südtunesien
Dubai/Vereinigte
    Arabische Emirate
Israel
Jerusalem
Jordanien
Kapstadt/
    Wine Lands/
    Garden Route
Kapverdische Inseln
Kenia
Marokko
Namibia
Qatar/Bahrain/Kuwait
Rotes Meer/Sinai
Südafrika
Tunesien

ASIEN
Bali/Lombok
Bangkok
China
Hongkong/Macau
Indien
Indien/Der Süden
Japan
Ko Samui/
    Ko Phangan
Malaysia
Nepal
Peking
Philippinen
Phuket
Rajasthan
Shanghai
Singapur
Sri Lanka
Thailand
Tokio
Vietnam

INDISCHER OZEAN | PAZIFIK
Australien
Malediven
Mauritius
Neuseeland
Seychellen
Südsee

REGISTER

In diesem Register sind alle in diesem Führer erwähnten Orte und Ausflugsziele verzeichnet. Halbfette Seitenzahlen verweisen auf den Haupteintrag, kursive auf ein Foto.

> *www.marcopolo.de/oberbayern*

SCHREIBEN SIE UNS!

Liebe Leserin, lieber Leser,

wir setzen alles daran, Ihnen möglichst aktuelle Informationen mit auf die Reise zu geben. Dennoch schleichen sich manchmal Fehler ein – trotz gründlicher Recherche unserer Autoren/innen. Sie haben sicherlich Verständnis, dass der Verlag dafür keine Haftung übernehmen kann.

Wir freuen uns aber, wenn Sie uns schreiben.

Senden Sie Ihre Post an die MARCO POLO Redaktion, MAIRDUMONT, Postfach 31 51, 73751 Ostfildern, info@marcopolo.de

IMPRESSUM

Titelbild: Rottach-Egern am Tegernsee (Huber: Huber)

Fotos: G. Amberg (40); Arbeitsgemeinschaft Diessener Kunst (98 M.r.); Beachbar Übersee: Martina Jikeli (14 u.); W. Dieterich (U. l., 26); Drogerie u. Hotelservice Höck: Hans-Peter Höck (12 u.); Vivien Fischer (12 o.); © fotolia.com: Bergfee (15 M.), david hughes (99 M.r.), MichalGajzner (99 u.r.), U.A. (99 o.l.); Gasthaus Moosmühle (99 M.l.); HB Verlag: Krewitt (U. M., 3 M., 20, 44, 51, 60, 79, 96, 103); Hochseilgarten Ammersee: Steffen Pfau (98 M.l.); Huber: Alfeld (90, 92), Gräfenhain (4 r.), Hallberg (72), Huber (1, 4 l., 29), Schmid (6/7, 8/9, 24/25, 27, 39, 56/57, 63, 68/69, 83, 86/87, 88, 107, 112/113); © iStockphoto.com: Mark Strozier (13 u.), Sergey Tumanov (98 o.l.); G. Jung (30/31, 48, 52); kult.café: Uwe Rattay (98 u.r.); H. P. Merten (2 r.); Mister Beaver: xhoch4-design plus Kultur (13 o.); MONTEVIA (14 o.); W. Rußwurm (23); D. Schetar (126); Skanking Scum (15 o.); O. Stadler (2 l., 3 r., 5, 11, 16/17, 19, 22, 22/23, 28, 28/29, 32, 42/43, 54/55, 58, 67, 70/71, 75, 76/77, 80/81, 94/95, 97, 100/101, 104/105); T. Stankiewicz (U r., 35, 46, 84); H. Wagner (36, 65); T. P. Widmann (3 l.); Wortwechsel: Max Windholz (15 u.)

9., aktualisierte Auflage 2009
© MAIRDUMONT GmbH & Co. KG, Ostfildern
Chefredaktion: Michaela Lienemann, Marion Zorn
Autor: Wilhelm Rupprecht, Bearbeitung: Bernt Lusteck, Daniela Schetar; Redaktion: Marlis von Hessert-Fraatz
Programmbetreuung: Silwen Randebrock; Bildredaktion: Gabriele Forst
Szene/24h: wunder media, München
Kartografie Reiseatlas: © MAIRDUMONT, Ostfildern
Innengestaltung: Zum goldenen Hirschen, Hamburg; Titel/S. 1–3: Factor Product, München

> UNSERE INSIDERIN

MARCO POLO Korrespondentin Daniela Schetar im Interview

Daniela Schetar bereist als Journalistin die fernsten Länder, besonders gern jedoch schreibt sie über die Region, in der sie lebt: Oberbayern

Sie wohnen seit 1960 in Oberbayern. Hat es Sie nie woandershin gezogen?

Nein, jedenfalls nie so sehr, dass ich Oberbayern wirklich verlassen hätte. Als freie Reisejournalistin bin ich für mehrere Verlage weltweit viel unterwegs. In der oberbayerischen Landschaft komme ich wieder zur Ruhe, kann durchatmen und genieße dabei die Möglichkeit, innerhalb einer Stunde in den Bergen oder am nächsten See zu sein.

Ist es das, was Sie an Oberbayern reizt?

Ja, in erster Linie natürlich ist es diese herrliche Natur, die hohen Bergriegel, die eisklaren Seen, Almwiesen, dann aber auch die schlichten, bunten Zeugnisse bäuerlicher Kultur und die Extravaganzen des bayerischen Barocks und Rokokos, über die man teils in einsamster Landschaft, in scheinbar vergessenen Winkeln stolpert. In einer Bilderbuchkulisse aktiv sein zu können, dabei immer wieder einzigartige Kulturdenkmäler zu entdecken und einen solchen herrlichen Tag im Biergarten beschließen zu können – ich denke, das gibt's nur in Oberbayern, und ich könnte nicht darauf verzichten.

Und was mögen Sie hier nicht so?

Oberbayern ist wohlhabend, und an bestimmten Ecken wie an einigen Orten am Tegernsee oder am Starnberger See präsentieren sich die Möchtegern- oder wirklich Reichen gern als Graf Protz. Solche Gegenden meide ich lieber.

Sprechen Sie Bayerisch?

Meine Eltern kamen aus Jugoslawien nach München und haben darauf bestanden, dass wir Kinder Hochdeutsch sprachen. Ich habe zwar eine bayerische Sprachmelodie, verstehe von einem g'standenen Bayerisch aber kaum ein Wort.

Was machen Sie in Ihrer Freizeit?

Arbeit und Freizeit sind bei mir kaum zu trennen. Das ist ja das Schöne an Oberbayern: Hier ist die Recherche zugleich Sport und Spaß; man entdeckt das Land wandernd oder radelnd, freut sich über Asam'sche Fresken in Freising oder den Blauen Reiter in Murnau.

Gibt es ein bayerisches Lieblingsessen?

Die bayerische Küche ist köstlich, aber sie schlägt an! Natürlich gibt's nichts Schöneres, als einen Schweinsbraten mit Knödel vor Bergkulisse zu genießen – aber auch die Kreationen der jungen Wilden, die nun vermehrt in Oberbayern den Kochlöffel schwingen, sollte man unbedingt probieren! Mein Lieblingsessen: ein Wurstsalat, aber nur mit Regensburgern!

10 € GUTSCHEIN
für Ihr persönliches
Fotobuch*!

Gilt aus rechtlichen Gründen nur bei Kauf des Reiseführers in Deutschland und der Schweiz

SO GEHT'S: Einfach auf www.marcopolo.de/fotoservice/gutschein gehen, Wunsch-Fotobuch mit den eigenen Bildern gestalten, Bestellung abschicken und dabei Ihren Gutschein mit persönlichem Code einlösen.

Ihr persönlicher Gutschein-Code: `mpu23wn7at`

MARCO POLO

MEINE REISE
Die schönsten Erinnerungen

Erlebe Deine Bilder!

Zum Beispiel das MARCO POLO FUN A5 Fotobuch für 7,49 €.

www.marcopolo.de/fotoservice/gutschein

> BLOSS NICHT!

Auch in Oberbayern gibt es Dinge, die Sie wissen müssen oder besser nicht tun

Den Naturgewalten trotzen

Das Wetter ist an manchen Tagen unberechenbar. Darum achten Sie bitte beim Wandern auf wetterfeste Kleidung und trittfestes Schuhwerk. Eine Bergwanderung in Sandalen kann bei Wolkenbruch lebensgefährlich werden. Für akustische und optische Warnsignale an den Seen gilt: So schnell wie möglich zurück zum Ufer, denn auf das Unwetterwarnsystem in Oberbayern ist Verlass!

Starkbier unterschätzen

Starkbier oder *Bock* wird auf Volks- oder zu Kirchenfesten, beispielsweise in der Fastenzeit, ausgeschenkt. Dieses Festbier hat einen hohen Gehalt an Stammwürze, schmeckt aromatischer und ist mit 6 bis zu 12 Prozent Alkoholgehalt deutlich kräftiger als das normale Helle.

Reden wollen wie die Einheimischen

Selbst die gebürtigen Tegernseer werden nicht alles verstehen, was die einheimischen Mittenwalder oder Oberammergauer miteinander reden. Die Dialekte sind stark regional gefärbt, schwäbische, tirolerische und salzburgische Einflüsse führen zu beinahe babylonischen Sprachverwirrungen: In nur wenige Kilometer voneinander entfernten Dörfern kann „Milch" zum Beispiel „Muich", „Meich" oder „Milli" heißen. Sparen Sie sich doch einfach gezwungene Anpassungsversuche, und reden Sie, wie Ihnen der Schnabel gewachsen ist. Allerdings: Wenn Sie nicht am

„Sonnabend" „Brötchen", sondern am „Samstag" „Semmeln" kaufen, im Wirtshaus statt einem Liter Bier eine „Maß" bestellen, wird man Sie ob Ihres Sprachgefühls bewundern.

Den Oberbayern nach den Trachten trachten

„Wie ärgert man einen Berliner am Tegernsee? Indem man ihm den Trachtenanzug wegnimmt." Diese bissige Spöttelei kommt nicht von ungefähr. Schmerzlich registrieren die Einheimischen, was sich Gäste alles im „Jodler"- oder „Landhausstil" anziehen. Und auch „echte" Tracht, vom Gamsbart bis zur Lederhose mit namenbestickten Hosenträgern, führt zur Erkenntnis: Nicht in allem, was oberbayerisch daherkommt, steckt ein Oberbayer drin!

Den Gottesdienst stören

Touristen vergessen oft, dass Kirchen in erster Linie dem Gottesdienst dienen und dass sie die Andacht der Gläubigen stören, wenn sie sich in einer Kirche wie in einem Museum benehmen. Sie können Gotteshäuser ungehindert betreten, aber bitte nicht halb nackt, mit Coladose oder Eis.

Die Natur plündern

Ein strenges Naturschutzgesetz schützt nicht nur Edelweiß, Frauenschuh und Türkenbund. Jedes Blumenpflücken in größeren Mengen ist Raubbau an der Natur und wird verfolgt.